AF451918

# LA JOYEUSE ENTRÉE

## D'ALBERT ET D'ISABELLE

### A

### VALENCIENNES

(20 Février 1600).

*Tiré à trois cents exemplaires, numérotés.*

*15 sur papier de Hollande.*

*45 sur papier fort.*

*240 sur papier ordinaire.*

# LA JOYEUSE ENTRÉE

## D'ALBERT ET D'ISABELLE

### A

### VALENCIENNES

### (20 Février 1600).

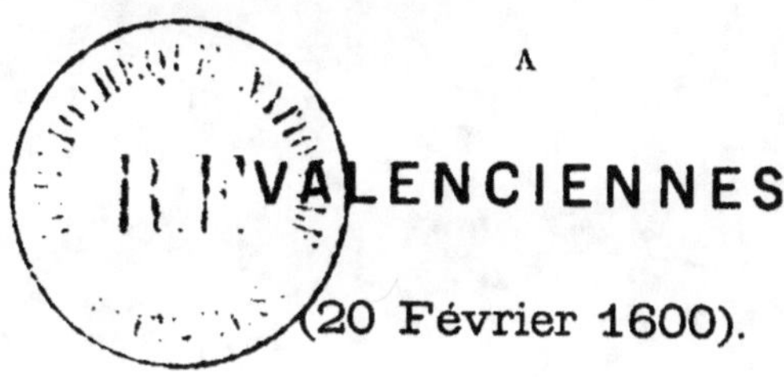

**Th. LOUÏSE.**

Officier de l'Instruction publique.

VALENCIENNES

LEMAITRE, Libraire-Éditeur.

1877.

# INTRODUCTION.

§ I.

Le 17 du mois d'août 1598, Philippe II, après un règne de 42 ans et 9 mois, depuis l'abdication de son père Charles-Quint, transmit à sa fille Isabelle et à son gendre l'Archiduc Albert ses droits sur les Pays-Bas. Nous n'avons pas à raconter le règne des nouveaux souverains que l'on doit considérer, en général, comme un des épisodes les plus défigurés de la domination Austro-Espagnole. Mais il est bon de faire un peu connaissance avec eux, avant d'assister à la *Joyeuse-Entrée* dans Valenciennes, et de rappeler en quel état se trouvaient les provinces à leur avénement.

Représentant implacable de l'intolérance religieuse et de l'absolutisme politique, Philippe II, sur son déclin, voyait échapper de ses mains des Provinces jadis riches et florissantes, aujourd'hui épuisées de sang et d'or. « Il n'y a plus qu'un moyen de ne pas » perdre entièrement les Pays-Bas, disait le comte de Castel » Rodrigo, l'un des membres du Conseil privé que le vieux Roi » avait réuni dans sa chambre à coucher où la goutte le retenait, » et je ne saurais trop engager votre Majesté à l'adopter. C'est de

» donner ces provinces à l'Infante, d'unir cette Princesse à
» l'Archiduc, votre neveu, et de combler enfin les vœux des
» Flamands, en leur accordant des souverains particuliers. »
Malgré l'opposition de Fuentès, l'avis du comte prévalut. Il
s'agissait en effet d'affaiblir, si c'était possible, la haine profonde
et légitime que le gouvernement espagnol avait inspirée dans les
Pays-Bas, et de tenter, par cet habile moyen, un suprême effort
pour ressaisir les Provinces rebelles. Philippe II le comprenait ;
mais il n'entrait pas dans la pensée de l'astucieux monarque qu'il
dût renoncer à sa proie et affaiblir son pouvoir. Aussi la cession
ne pouvait-elle être qu'une ruse nouvelle, et ce fier peuple, qui
rêvait depuis si longtemps un gouvernement national, fondé sur
l'indépendance et le respect de ses priviléges, vit une fois encore
ses plus chères espérances anéanties. Les circonstances qui
accompagnèrent l'acte de cession sont connues. Le dépouille-
ment des archives de Bruxelles et de Simancas a jeté sur cette
triste page d'histoire une vive clarté. Aujourd'hui, il est hors de
doute que Philippe II ne cédait à sa fille qu'une souveraineté
illusoire. Dans sa pensée, les Provinces Belgiques devaient, à un
moment donné, faire retour à la couronne d'Espagne. Toutes les
précautions furent prises dans ce sens. En les confiant provisoi-
rement aux Archiducs Albert et Isabelle, il comptait bien, grâce
à une politique d'énervement, ramener avec plus de sûreté à
l'obéissance absolue ces riches Provinces qui subissaient avec
indignation le joug de l'étranger, sans pouvoir le briser. « Les
» Belges, disent les états de Flandre, sont réduits à de telles
» extrémités par les journalières pilleries, saccagements, licences
» et contributions qu'ils paient aux rebelles, parmi la mortalité
» et la cherté des vivres, qu'il ne leur restera bientôt plus rien
» pour maintenir leurs corps et piés, et moins de quoi continuer
» le notable subside de beaucoup de millions, passé tant d'an-
» nées, accordé pour le service de V. M. » — *Remontrances des
États de Flandre à Philippe II.* — Ainsi, ruinées par la
guerre intestine, décimées par le glaive de l'inquisition, les
Provinces se voyaient encore menacées par la Hollande indépen-

dante et saccagées par les soldats espagnols révoltés. L'occasion était bonne ; Philippe II résolut d'en profiter. Sa fille préférée était Isabel-Clara-Eugénia. Il l'avait eue en troisièmes noces de la sœur de Charles IX, Elisabeth de France. « Élevée à la française, dit un historien belge (1), par sa mère, rompue aux affaires d'État par son père, Isabelle avait pris de l'une le goût du luxe et des arts, de l'autre les tendances religieuses qui finirent par la dominer. Toute sa vie elle allia les mœurs brillantes et faciles de la cour de France à la dévotion espagnole. Elle apporta dans les provinces un train de cour royal, une étiquette hautaine et un luxe inusités. On raconte que lorsqu'elle fit son entrée à Bruxelles, elle était assise sur une selle ornée de diamants et de rubis, d'une valeur de 200,000 florins. La maison des archiducs coûtait plus de 2,000 florins par jour, et ces dépenses allaient si loin, à une époque de ruine et de misère, que les États généraux requirent l'Archiduc de réduire la cour et sa maison sur le pied — si fastueux, on le sait, — des ducs de Bourgogne. Si Isabelle avait le luxe de sa mère qui jamais ne porta une robe deux fois, elle en avait aussi la légèreté, qu'elle poussa au point de mener ses demoiselles avec elle lors de l'ouverture des États-Généraux de 1600, *ce que faire ne devait*, dit un « député. » Comme Catherine de Médicis, Isabelle assistait aux batailles et aimait à parler aux hommes de guerre. Comme les reines d'Espagne, elle avait assisté souvent aux auto-da-fé que prodiguaient son père et son mari. Sa facilité toute française plaisait aux Belges ; elle se mêlait à leurs fêtes et faisait la mode. Au siège d'Ostende, elle fit vœu de ne pas changer de linge, et les dames de la cour portèrent longtemps des chemises jaunes. C'est surtout aux cérémonies religieuses qu'elle prenait part, entraînant un peuple, que flattait sa présence, du jeu de l'arbalète où elle remporta le prix, aux processions et aux pèlerinages. Ces qualités convenaient aux vues de son père. Toutes les pratiques de la superstition trouvaient une propagande active dans l'archiduchesse. »

(1) Ch. **Povin**.

« L'époux que le Roi d'Espagne donnait à sa fille était non moins propre à son œuvre. Cardinal et Archevêque de Tolède avant l'âge de 20 ans, le sixième fils de l'Empereur Maximilien fut bientôt nommé Inquisiteur général d'Espagne. « Philippe II avait » lu dans son âme, » dit un jeune historien. Bientôt le Duc d'Albe est chargé de conquérir le Portugal. *(Le Duc d'Albe ayant été la terreur de la Belgique, vint l'être du Portugal,* dit l'abbé de Montpleinchamp, l'historien-courtisan du règne d'Albert et d'Isabelle, dont le témoignage sur ce point n'est pas suspect.) Philippe II vainqueur y fait son entrée ; des milliers de nobles et de prêtres sont exécutés. « On en précipite une si grande quantité » dans le Tage, que le peuple s'imaginant que la rivière était » excommuniée, ne voulut plus manger de poisson. » (1). Le pays ainsi soumis, le Cardinal Albert s'était si bien acquitté de ses fonctions de grand Inquisiteur, que Philippe, pour le récompenser, l'éleva au gouvernement du Portugal. L'Inquisition effraya tellement les Portugais que les marchands de Lisbonne offrirent trois millions et demi de ducats, « non pour l'abolir entièrement, mais » seulement pour obtenir qu'elle accordât les garanties judiciaires » du témoignage et de la défense. » et ils en eussent bien voulu donner quatre, ajoute un manifeste du temps. »

« L'homme qui avait fait ses premières armes dans l'Inquisition, qui avait eu pour tâche de consolider la violation armée de l'indépendance d'un peuple. convenait au but politique et religieux de Philippe II sur les provinces belges. Albert était le successeur né du Duc d'Albe. Il apportait à Bruxelles la sombre gravité de l'Escurial. Il se croyait toujours à Aranjuez ou dans le bois de Ségovie. d'où Philippe II avait daté ses plus sinistres décrets. Orgueilleux, superstitieux, scrupuleux. ennemi du rire, il cherchait à commander le respect par l'imitation de Philippe II, peu soucieux de l'amour que cette ressemblance devait lui ôter. Fier jusqu'au dédain, il ne prit part au banquet des États que dînant seul, sous un dais spécial. Parlant le français et l'allemand aussi facilement que l'Espagnol, il affecta de parler la langue de Madrid,

______
(1) Art de vérifier les dates.

quand il reçut les députés du pays. Il se fit servir à genoux, comme à Tolède ou dans l'Escurial. Faible de caractère, faible comme homme d'État, et surtout contre les mutineries des troupes, excepté dans le combat, où il sut payer de sa personne, mais où il ne parut qu'en soldat, non en général. Cruel dans la guerre comme dans la justice, avec le sang-froid de l'homme qui n'a pas la virilité du cœur; s'il ne le fut pas sur la place publique, dit un historien du temps, c'est que le peuple ne lui en fournit jamais l'occasion. Susceptible et rongeant impatiemment le frein du peu de franchises qui restaient au pays. Il le fit bien voir dans vingt réponses pleines d'aigreur aux remontrances des Députés, et poussa cette impatience jusqu'à la colère... En général, cependant, maître de lui-même, sachant assez dissimuler pour se faire craindre sans se rendre odieux. Tel était l'Archiduc. Les principes du Duc d'Albe étaient les siens; mais les temps étaient changés et les moyens devaient être tout autres. Sa dévotion était celle du farouche Philippe II. Il marcha de pair avec sa femme dans les superstitions aussi bien que dans les dépenses. Il ouvre son règne en conservant la moitié du revenu de son archevêché de Tolède (150,000 ducats), et il le finit en ordonnant de chanter 25,000 messes sur sa tombe. » (1).

Tel est le portrait des Princes que Philippe II destinait à continuer son œuvre.

Cédant aux pressantes sollicitations du Monarque espagnol, Albert d'Autriche se démit des dignités ecclésiastiques dont il était revêtu et fut fiancé à l'Infante Isabelle, alors âgée de trente-deux ans; lui-même en avait quarante. L'acte solennel de cession fut signé à Madrid, le 6 mai 1598. Philippe II renonçait, en apparence, à tous ses droits sur les Pays-Bas et la Bourgogne. Les dix-sept provinces devaient rester unies et ne former qu'un seul État sous l'autorité de l'Archiduc et de l'Infante. Les États-Généraux réunis à Bruxelles le 15 août de la même année n'acceptèrent qu'en tremblant l'acte de cession. Ils craignaient un

_______

(1) Extr. de Ch. Povin, Albert et Isabelle, Bruxelles. A. Lacroix et Van Meenen et Cⁱᵉ, rue de la Putterie. 33.

piége. Cependant un serment mutuel fut solennellement prononcé.

Cette formalité accomplie, on donna lecture des lettres-patentes que l'on publia sans retard. Le temps pressait en effet. L'Archiduc partit ensuite pour l'Espagne où le mariage devait s'accomplir. Mais en Italie, il apprit la mort de Philippe II. Le monarque avait expiré le 13 septembre, à l'âge de soixante-douze ans. Son fils, Philippe III, ratifia la cession faite à Isabelle et son mariage avec l'Archiduc. La cérémonie ne fut reculée que de quelques mois, et les deux époux arrivèrent dans les Provinces vers la fin de septembre 1599. Aussitôt ils songèrent à leur inauguration. Il s'agissait de faire en grande pompe la *Joyeuse-Entrée* dans toutes les villes du pays et d'y renouveler leur serment. Voici l'itinéraire ;

1° Le 25 novembre 1599, à Louvain.
2° Le 30          —          à Bruxelles.
3° Le  6 décembre.          à Malines.
4° Le 10          —          à Anvers.
5° Le  3 janvier      1600, à Gand.
6° Le  6 février          à Lille.
7° Le  9          —          à Tournai.
8° Le 11          —          à Douai.
9° Le 15          —          à Arras.
10° *Le 20 février,*          *à Valenciennes.*
11° Le 24          —          à Mons.

L'hiver arrêta leur marche triomphale. Ils ne purent aller ni à Namur, ni en Gueldre, ni en Luxembourg.

§ II.

Le 29 janvier 1600, le Grand Bailly du Hainaut ordonnait en ces termes la levée d'un vingtième nouveau, pour le premier avénement et Joyeuse entrée des Souverains du Pays :

*Le Duc de Croye et d'Arschot, etc..., Lieutenant, Gouverneur, Capitaine-Général et Grand Bailly du Pays-Bas et Comté de Haynau.*

« Chers et bien amez,

« Les Estatz de ce pays assemblez en octobre dernier auoyent
» authorisé leurs Députez de mettre sus le moyen plus expé-
» dient et à la main qu'ils pouroyet aduiser, pour furnir aux
» dons et présens que pour le bien et honneur d'iceluy pays
» conuient faire aux Archiducqz, noz Souverains, Seigneurs et
» Princes, à leur premier aduenement et ioyeuse entrée, lesquelz
» Députez se sont finablement resoluz sur la levée d'un nouveau
» XX$^e$ denier du revenu à eschoir au dernier iour d'apvril pro-
» chain. A ceste cause, nous vous requerons et néantmoings ès
» noms et de la part de leurs Altezes ordonnons que sur le pied
» et en la forme et manière accoustumée, faictes lever le dict
» XX$^e$ en votre district et iuridiction, si a temps et heure que les
» deniers en prouenans puissent par vos collecteurs estre dé-
» liurés ès main de Jean de Buseignies, recepveur des aydes du
» dict pays en dedans le dict iour : A peine d'y estre contraintz
» réellement et de faict, ainsi que s'est faict en temps passé et se
» faict en toute Prouinces aux premières venues et réceptions des
» Princes, afin de leur manifester par telle gratuité la prompti-
» tude et libéralle affection de leurs vassaulx et subietz à les
» servir et obéyr, et pour incliner leurs dictes Altezes à faueur,
» bien-vueillance et support vers le dict pays.
» Chers et bien-amez, notre Seigneur vous ayt en sa saincte
» garde.
» De Mons, le XIX$^e$ iour de ianvier 1600. »

(Suit une sentence des Archiducs qui confirme les priviléges de la ville de Valenciennes, décidant que ses bourgeois sont seulement traitables devant le magistrat de cette ville.) (1).

Aussitôt toutes les villes du Hainaut se mirent à l'œuvre, et.

(1) Monnaies et médailles d'Albert et d'Isabelle. X—5-27, hist. métallique, T. I$^{er}$.

malgré leur état de souffrance et de misère, firent à l'envi les préparatifs de la solennelle réception.

Cependant, par suite des exécutions politiques et religieuses, de la révolte des troupes, du pillage et de l'émigration, le pays avait vu tarir les sources vives de sa prospérité, l'agriculture, le commerce et l'industrie. Des terres considérables, privées de leurs propriétaires, faisaient retour à l'État qui en disposait à son gré. Dans le but de ranimer l'agriculture, Philippe II avait permis aux laboureurs de prendre ces terrains abandonnés. La propriété en était donnée au premier occupant. Les couvents surtout avaient une bonne part à ces largesses du Souverain. De nombreux villages avaient été détruits, de vastes contrées frappées de stérilité, et, au cœur même des plus riches provinces, il n'était pas rare de trouver des cantons entiers tellement ravagés qu'ils servaient de repaire à des bandes de loups. Marguerite de Parme évalue à 100,000 le nombre des habitants qui émigrèrent à l'arrivée du Duc d'Albe. Plusieurs milliers des meilleurs fabricants et des plus habiles teinturiers avaient gagné l'Angleterre pour y chercher un refuge. La ville de Gand perdit à elle seule onze mille drapiers à peu près. Faut-il ajouter que la politique anglaise d'Elisabeth et de Jacques I<sup>er</sup>, son successeur, offrit volontiers l'hospitalité et de grands priviléges à cette classe intéressante de réfugiés. « Par de tels moyens, dit un ministre de Philippe II, est commencée » la draperie d'Angleterre et la destruction de la nôtre. » D'autres ouvriers étaient allés enrichir de leur industrie l'Allemagne et la France.

De tous côtés les Provinces Belgiques offraient un spectacle douloureux. A la ruine du pays, aux désastres de la guerre civile, vinrent se joindre les mutineries des soldats espagnols. En 1600, à l'ouverture des États, ils comptaient un effectif de plus de cinq mille hommes. « Leurs ravages étaient effrayants, et pas un coin de pays n'y échappait. Ils avaient pris l'habitude et le plaisir de sommer les villes en leur envoyant des boulets de canon. Ils ravageaient les campagnes, brûlaient les faubourgs et quand ils prenaient la peine d'écrire pour dicter leurs conditions, leurs

lettres étaient « quelque peu brûlées aux quatre coins, pour dé-
» noter leur intention. » (1). Leurs sommations étaient horribles :
« à péril de feu et d'autres cruautés telles que d'icy à cent ans,
» il en souviendrait aux bourgeois. » — Du quartier général que
l'Archiduc leur a livré, ils lancent des expéditions par tout le
pays, prenant Rœulx où ils laissent de l'infanterie, Cambron et
Condé qu'ils gardent en ôtage ; brûlant Wavre, occupant Chièvre,
l'abbaye de Bonne-Espérance et plusieurs bourgs du Brabant ;
mettant une artillerie en campagne et la poussant jusqu'à Saint-
Amand ; s'avançant d'un côté jusqu'aux portes de Mons, de
Valenciennes et de Namur ; de l'autre à Louvain, à Bois-le-Duc
et jusque dans la Gueldre ; levant des contributions en argent,
vivres, fourrages ; ravageant et terrifiant les campagnes ; para-
lysant le commerce et arrêtant l'agriculture, de sorte que « le
» paisant ne se pouvait tenir en sa maison ny labourer ; » faisant
des prisonniers, traitant de puissance à puissance avec les villes,
avec le gouvernement, avec l'ennemi ; *exécutant* les villages et
faubourgs qui n'obéissaient pas à leurs sommations. L'Archiduc
(avant son avénement) leur paie tous les mois 42,000 écus ou,
selon une autre version, 28 patards par jour, pour homme et
cheval. Cela ne suffit pas. A Mons, ils demandent 30,000 florins
et bientôt 49,000, menaçant de « réchauffer les bourgeois » s'ils
ne paient dans les 24 heures. Les États du Hainaut leur donnent
« par paction » 30,000 florins pour les faire passer « outre. » A
Valenciennes, ils exigent 9,000 et bientôt 15,000 florins. Tournay
et le Tournaisis sont soumis pour 12,000 ; Douai et Orchies pour
28,000 ; Nivelles et Namur pour 5,000. Lille doit fournir sa quote-
part non taxée. C'est aux bourgeois à la fixer suffisamment, ou le
feu les menace. Ils viennent jusqu'aux portes de Bruxelles « où
» estoit la personne du Prince, ce que les aultres mutinez n'a-
» vaient jamais faict, » et exigent du bois, des chandelles, etc...,
ou « faute de ce, un Philippus d'Aldre par semaine. » A Tournay,
ils demandent, outre la contribution en argent, 400 aunes de taf-

_______________

(1) Van Meteren.

etas « pour faire banderolles. » A Anvers, « des filles de joie. » (1).

Ce fut dans ces circonstances que les principales villes des Provinces durent s'imposer extraordinairement pour recevoir les Archiducs.

On sait en quels termes le Grand Bailly du Hainaut avait exigé la levée d'un XX° nouveau. Valenciennes dépensa pour sa part 43,153 livres, 2 sols, 7 deniers, somme énorme pour cette époque !

En parcourant le compte des Massards ou Receveurs municipaux de la ville, que nous publions *in-extenso*, on peut voir aisément combien étaient affaiblies, au sortir des troubles religieux et des guerres intestines, les ressources de la cité.

On envoya à Bruxelles, pendant sept jours, trois maîtres charpentiers pour examiner en détail la structure des arcs-de-triomphe érigés sur le passage des Princes, à Lille des messagers pour acheter du velours et une pièce de damas, à Mons pour chercher de la toile d'or, à Douai pour s'entendre avec le Président Richardot, à Tournay pour trouver des joueurs de hautbois. Ce fut l'échevin lui-même, François de Boulongne, qui fut chargé d'acheter 34 aunes de damas pour faire le baldaquin ou dais au-dessous duquel s'avanceraient les Altesses.

Les rues étaient traversées par des *chapeaux de triomphe*, où l'on suspendait les armes de la ville brodées sur velours vert. Ces chapeaux se composaient de soie noire et verte rehaussée d'or.

L'*Armoyeur* Philippe de Labye dora la clef de la ville pour 40 sols.

On fit faire, exprès pour la solennité, des robes en satin noir à Messieurs du Magistrat, aux deux Greffiers et aux deux sergents à verges. Quant aux sergents bâtonniers, on les pourvut d'un modeste casaquin aux couleurs des Archiducs.

Sur le milieu de la grand'place s'élevait une fontaine monumentale improvisée. Pour l'alimenter, on se servit d'une grande cuve de brasseur que l'on fit disposer dans la maison échevinale.

On fit venir d'Anvers, pour présider aux décorations, un peintre

(1) Ch. Povin, Albert et Isabelle, page 105.

célèbre, Guillaume de Vos et ses deux aides, Charles Lemesureur et Adolphe Score.

Les compagnies bourgeoises étant jugées insuffisantes, on publia dans tous les carrefours de la ville que les jeunes gens non enrôlés devraient se trouver, à une heure dite, devant la maison échevinale, pour marcher au-devant des Archiducs.

L'artificier Cornelis Vandenhauen mit tout son art à fabriquer cent fusées et un *feu artificiel*. Un certain Pierre Moustarde lui livra six mains de papier lombard (?), dont il avait besoin pour son travail.

Après les fêtes de la joyeuse entrée, le théâtre où les serments furent prononcés et toutes les décorations dont on l'avait orné, appartenaient de droit aux Princes. Un Tapissier-major et un fourrier, qui les accompagnaient, étaient chargés de s'en saisir ou de traiter du rachat avec les villes. Valenciennes racheta son théâtre au prix de 600 livres.

Les laquais, archers, fourriers, hallebardiers, hérauts d'armes, huissiers attachés à la personne des Souverains, furent logés aux frais de la ville, toute la durée du séjour, et reçurent en outre des dons gratuits.

On fit aussi des dons gratuits à la Chambrière-Major et à la Comtesse de Chièvres qui accompagnait Isabelle.

Près de la porte de Cambrai, au logis du maître de poste, Jacques Leboucq et Charles Biscoppe furent chargés de préparer les vins d'honneur. On y voit figurer hippocras, marmelades, succades, vins, etc..... Il paraît que le mobilier du maître d'hôtel était tout à fait insuffisant, car la ville fut obligée de payer, pour la circonstance, la location de vaisselles d'étain, de nappes, serviettes, verres et tables.

Un ordre émanant du Magistrat prescrivit à tous les cabaretiers de ne laisser asseoir aucun bourgeois ni manant, tant que leurs Altesses seraient dans la ville.

Dans tous les carrefours, au son du tambourin, il fut prescrit aux habitants de tendre de tapisseries leurs maisons et d'allumer torches et fallots à l'entrée des Altesses.

A cette époque l'art musical semble peu développé. Voici en effet l'énumération des musiciens qui prirent part à la solennité :

Huit joueurs de hautbois que l'on fit venir de Tournay.

Huit trompettes de leurs Altesses.

Les trompettes de Son Excellence le duc d'Arschot.

Les trompettes de la ville de Lille.

Quant à la musique vocale, à la messe et sur les théâtres, elle était dirigée par un maître de chant nommé Boniface Huberty et comprenait Philippe Boully, Sébastien, de Condé, Pierre Petit, du Quesnoy, basses-contre (barytons) et *teneurs* (tenors), Michel Tourcoing, Beaugramins, Antoine, de Quiévrechain, Clerc de Saint-Jean, *contreteneurs*, Bartolomé Lenglet, Pierre Bourgeois, Maître Adrien Delph... haultecontre, de Cambrai, etc., en tout onze musiciens. Adrien Montégnie, maître organiste et joueur d'instrument, demeurant au Quesnoy, accompagnait à l'aide du corneteau.

Valenciennes comptait alors huit compagnies bourgeoises. On organisa en outre, comme nous l'avons dit, une compagnie de jeunes gens, sorte de garde d'honneur, chargée d'aller au-devant des Altesses. Elle était conduite par un sergent et précédée de quatre tambourins. Le Conseil échevinal en usa généreusement à leur égard. Huit pièces de vin furent offertes aux huit compagnies bourgeoises, et deux à la milice improvisée des jeunes gens.

Un somptueux banquet fut préparé dans la maison échevinale par les soins du Magistrat. Ce fut le héraut d'armes ou *franquevie* qui reçut mission d'inviter les Princes, les Seigneurs de la Toison d'or et les autres gentilhommes de la suite des souverains, et de remplir les fonctions de maître d'hôtel. Le Conseil lui octroya *une robe* pour la circonstance.

Il paraît qu'à cette époque l'or était bien rare. On envoya en effet un échevin en personne, Nicolas Vernais, à Vicoigne, pour demander à l'abbé des réaulx d'or en échange d'argent. Ces pièces étaient destinées à garnir la bourse élégante qui devait être offerte aux Archiducs. On n'en trouva pas assez à l'abbaye de Vicoigne, ou bien il se peut que l'abbé ne voulût pas s'en dessaisir. On fut alors forcé d'en emprunter un certain nombre à de riches bourgeois. Or, quand il fallut rembourser, la valeur vénale si mobile à cette époque, avait diminué, et, pour rétablir l'équilibre, le Conseil vota une somme de trente livres.

Avant la joyeuse entrée, on consulta Jean Laloue sur la décoration de la ville, et on le pria de tirer de ses mémoires la description de tous les embellissements qui furent faits à l'entrée de feu Sa Majesté royale Charles-Quint, pour guider le Conseil et les habitants dans l'organisation des fêtes.

A titre de renseignements, le secrétaire de la ville d'Anvers, Boghe (Bocchius), envoya à Valenciennes un riche volume contenant le récit de l'entrée des Altesses dans les différentes villes des Provinces. Ce volume, manuscrit sans doute, et les riches dessins qui l'accompagnaient, devait sortir deux ans plus tard des presses du célèbre Plantin, et comprendre la narration en latin de Henri d'Outreman, où nous avons puisé une grande partie de nos renseignements sur la joyeuse entrée à Valenciennes.

Un artiste valenciennois, jusqu'alors inconnu, maître France de Becquère, dessina à la plume le *frontispice* du récit de d'Outreman, que l'on envoya à Anvers pour être gravé sur cuivre. C'est cette gravure que nous sommes heureux de reproduire.

La ville, par reconnaissance, vota cent livres à d'Outreman qui ne voulut pas les accepter. Maître France de Becquère ne reçut, pour son travail, que soixante sols.

Voilà quelques détails recueillis au hasard dans le compte des Massards de la ville. C'est sur ce document inédit que nous avons surtout porté notre attention. « Les livres des Massards, écrivait » le regretté L. Cellier, sont des trésors inestimables pour ceux » qui se livrent à l'étude des antiquités locales. C'est là qu'il faut » chercher la solution de bien des problèmes historiques, le » tableau de mœurs et d'usages que les chroniqueurs n'ont pas » eu l'idée de dépeindre. »—*Mém. hist. sur Valenc.*, T. III. p. 130.

DESCRIPTIO
TRIVMPHI ET SPECTACVLORVM
Sereniſſimis Principibus
ALBERTO ET ISABELLAE
Austriæ Archiducibus, Ducibus Burgundiæ
Comitibus et Dominis Valentianis,
in eundem Comitatum ac ciuitatem Valentianam
ingredientibus editorum:
Cum breue narratione de eius Principatus prærogatiua
Auctore HENRICO D'OVLTREMANNO
Expræfecto Valentiano
LABORE ET CONSTANTIA
ANTVERPIAE
EX OFFICINA PLANTINIANA
Apud Ioannem Moretum
cIɔ. Iɔ cII.

# CHAPITRE I<sup>er</sup>.

## LA JOYEUSE ENTRÉE.

------

### § I<sup>er</sup>.

Dès que les Archiducs eurent informé le Magistrat du jour fixé pour la joyeuse entrée à Valenciennes, le Prévôt de la ville s'empressa d'en donner avis au Conseil particulier. Il fut décidé qu'on recevrait les Princes avec une magnificence égale à celle qu'on avait autrefois déployée en l'honneur du défunt Roi Philippe II. On voulait leur donner un témoignage de reconnaissance et de dévouement aussi éclatant que le permettaient les ressources de la ville et le temps dont on pouvait disposer. Plusieurs projets de décoration, pour la grand'place, furent soumis à l'examen des échevins et discutés par eux. Comme le jour de l'entrée pressait, il durent se borner à choisir deux arcs de triomphe, dont l'un s'élèverait auprès du beffroi et l'autre à l'entrée de la rue de l'Ormerie. En outre, il y aurait au milieu de la place une fontaine monumentale, garnie de plusieurs orifices d'où jailliraient l'eau et le vin. Les huit compagnies bourgeoises, corps d'élite composé de deux mille hommes à peu près, furent convoquées pour la solennité, avec ordre de rehausser ce jour-là leurs insignes militaires, des couleurs jaune, azur et blanc, adoptées par les Princes. Quatre cents jeunes gens choisis dans les meilleures familles de la cité formèrent une garde du corps, sous la conduite de Jacques

Le Poyvre, chargée d'aller rendre aux Princes les honneurs militaires à leur arrivée et de grossir leur escorte.

Ces dispositions prises, le corps échevinal donna ses soins aux décorations de la grand'place. Il fit venir à la hâte d'Anvers un peintre célèbre, Guillaume de Vos, et avec lui toute une troupe d'ouvriers habiles dans l'art décoratif. On prit aussi dans la ville les charpentiers, *escriniers* et décorateurs que l'on put trouver. Tous se mirent à l'œuvre et firent de leur mieux, eu égard à la saison rigoureuse et au peu de temps dont on pouvait disposer avant l'entrée, sous l'habile direction de Charles Clauwérius, l'un des échevins.

Cependant les Archiducs partis de Cambrai le 19 février 1600, se dirigeaient sur Valenciennes. Dès que l'approche du cortége eût été signalée, le Magistrat tout entier, le Conseil particulier et le grand Conseil accompagnés des fonctionnaires divers qui relevaient de ces corps constitués, sortirent de la maison échevinale vers quatre heures après-midi, pour se rendre au-devant des Altesses. A leur tête se trouvait le héraut d'armes ou *franquevie*. Vers cinq heures des décharges d'artillerie donnèrent le signal. On apercevait les Princes et leur escorte. Tout le cortége municipal se mit alors en mouvement. Les compagnies bourgeoises reçurent l'ordre de s'avancer au-delà des faubourgs, de s'arrêter non loin de la porte de Cambrai, en rase campagne, le long de la route royale, et de se former en trois phalanges, sous la conduite de leurs chefs. Pour diverses raisons, Antoine Le Poyvre et Nicolas Rasoir, Prévôt de la ville, avaient remis à des lieutenants leur commandement. Bientôt la voiture royale apparut. Le Duc de Croï et d'Arschot, Gouverneur de la ville, entouré de la noblesse du pays, met pied à terre, pour saluer les Princes avec plus de respect, et leur donner l'assurance que des sentiments de fidélité, d'amour et de reconnaissance animaient en ce moment la bonne et franche ville de Valenciennes, émue de l'honneur insigne qu'ils daignaient lui faire. Puis il remonte à cheval et, avec toute sa suite, il se mêle au cortége des Archiducs.

A gauche, sur les coteaux qui s'élèvent non loin du mont

Houy, on apercevait rangée en bon ordre et remarquable par ses armes, son costume et sa tenue martiale, la milice urbaine et les gens d'armes détachés au-devant des Altesses.

A la porte de Cambrai, Bobert Roze, conseiller pensionnaire, adressa aux Princes la harangue d'usage, dont la forme peut varier, mais dont le fond reste invariablement le même : « La cité » tout entière remerciait Dieu qui comblait enfin ses vœux, en » lui permettant de posséder des souverains bien aimés, et de » jouir quelque temps de leur auguste présence. Qu'ils entrent » dans Valenciennes, une petite ville, sans doute, de leurs Pro- » vinces Belges, mais qui cependant pour sa fidélité, son amour » et son dévouement ose défier les plus vastes cités. Si par hasard » les décorations de la ville, témoignages de sa respectueuse » affection, étaient jugées par eux inférieures à leur propre » mérite et à leur attente, qu'ils daignent, cédant à leur bien- » veillance naturelle, ne pas perdre de vue le peu de temps et le » peu de ressources dont la cité a pu disposer. C'est un à-compte » seulement de sa bonne volonté et de son amour que la ville a » voulu leur offrir, la ville qui se prosterne à leurs pieds. Comme » gage de fidélité, elle dépose les clefs entre leurs mains » augustes. » Alors Nicolas Rasoir, Prévôt de la ville, baise la clef d'or et la présente à la sérénissime infante qui l'accepte, en témoignant par un gracieux sourire de sa vive satisfaction. Les Archiducs remercièrent le Prévôt en langue espagnole, avec une extrême affabilité. Ces préliminaires terminés, ils descendent de leur riche équipage, au bruit des canons qui retentissent du haut des remparts, et s'arrêtent au logis du poste, en dehors de la ville, où se trouvaient des « *succades* », c'est-à-dire les vins d'hon- neur et les gâteaux que le Magistrat avait fait préparer.

Ils pénètrent ensuite à cheval, entourés de leur nombreuse et brillante escorte, dans la rue Cambresienne (de Famars), en tra- versant la porte où leurs armes sculptées en pierre blanche du pays et rehaussées d'or et d'argent, étincelaient sous les feux d'une brillante illumination. Au-dessous on lisait cette inscrip- tion :

*Felicissimo adventui serenissimorum Principum,*
*Alberti et Isabellæ Austriorum S. P. Q. Val.*
*P. XIX febr., anno MDC.*

A cette occasion et par flatterie, on avait restauré les armes de Charles-Quint, qui se trouvaient sculptées un peu plus bas. L'injure du temps et l'irrévérence des soldats les avaient rendues méconnaissables. Il était six heures du soir.

Pour recevoir les Princes, les habitants avaient déployé un luxe prodigieux. Suivant les plus vieux chroniqueurs de la cité, le goût des fêtes et des solennités publiques avait été inspiré aux provinces flamandes par les Princes et les chevaliers qu'elles avaient envoyés faire la guerre sainte en Orient. Les cérémonies religieuses, les commémorations de batailles, les entrées joyeuses, les fêtes urbaines étaient célébrées, dans ces contrées, avec une pompe et une splendeur remarquables.

Les Archiducs firent leur entrée sous un riche dais de damas, porté par le Prévôt, le Lieutenant-Prévôt et quatre autres membres des plus distingués du Magistrat. De la porte de Cambrai au palais de la Salle-le-Comte, toutes les maisons étaient recouvertes de tentures aux couleurs variées. L'éclat de la décoration était encore rehaussé par une brillante illumination.

Au milieu de la rue Cambresienne (1), près de l'hôtel de la Clef, s'élevait un théâtre, par les soins des merchiers (merciers), où figuraient de nombreux personnages vivants. Au milieu, une nymphe au beau visage, richement vêtue, des cygnes à ses pieds, représentait Valenciennes. D'un air modeste et suppliant, elle offrait aux Princes un cœur entre ouvert. A droite, quatre autres nymphes remarquables par leur beauté et par leurs attributs symboliques formaient son cortége. Un jeune enfant noblement incliné sur leur sein indiquait assez l'amour ou la charité. Près d'elle deux enfants plus âgés prenaient ensemble leurs ébats. Une colonne symbolisait la constance, une petite chienne la fidélité,

_____

(1) Ou rue de Famars, ancienne rue de Cambrai, quand la porte à laquelle elle aboutit conduisait à cette ville, avant la construction de la route de Paris.

un cœur enflammé le zèle. De l'autre côté, Cérès, Bacchus, Pomone, Palès offraient aux Princes leurs présents. L'Escaut et Neptune occupaient les deux angles du *proscenium*. Tous deux revêtus d'habits verdâtres et recouverts d'algues marines, portaient sur leurs épaules divers poissons que recèlent leurs ondes, et se tenaient appuyés sur des urnes inclinées d'où l'eau s'échappait avec abondance.

La jeune nymphe qui représentait Valenciennes adressa aux Archiducs ces quatrains *improvisés* :

> *Que vos grandeurs, Princes haults ne dédaignent*
> *Ce cœur ouvert, que vous offre avec moy*
> *Constance, amour, le bon zèle et la foy,*
> *Quatre vertus qui tousiours m'accompaignent.*
>
> *I'offre mes grains dont en bon temps i'abonde,*
> *I'offre mes vins, chairs et poissons encor,*
> *Fruicts, beurre et laict : mais pour tout ce trésor*
> *Il fault la paix, qui m'en rende féconde.*
>
> *Sumite mente, Duces, placidâ, nec spernite munus,*
>     *Pectoris en patulum do penetrale mei.*
> *Hoc vos et sociæ Constantia firma Fidesque,*
>     *Nullo et dividuus tempore donat Amor.*
>
> *Piscibus et mensas onero, carnesque ministro,*
>     *Lac muletris, plenis Gallica vina cadis.*
> *Appula rura mea superant et Gargana messes,*
>     *Sit modo composita fas mihi pace frui.*

Au-dessus de la corniche, dans la partie la plus élevée, on voyait les armes des Archiducs, et aux extrémités, celles du duc d'Arschot et celles de la Cité. Le reste du théâtre était orné de peintures variées et de draperies.

Le cortége suit sa marche triomphale et s'avance jusqu'à Notre-Dame-de-la-Chaussée. Cette église, on le sait, tire son nom de sa position. Elle était bâtie sur une des sept chaussées romaines qui partent de la pierre milliaire de Bavai et rayonnent dans les contrées voisines, la France, la Flandre et les Pays-Bas. A gauche, en face de cette église, s'élevait une *seconde Histoire*, aux frais du *mestier des crassiers*. Ce théâtre était soutenu par deux Hermès gigantesques, l'un mâle, l'autre femelle. A droite, Neptune vêtu d'un manteau verdâtre, ceint d'une couronne archiducale, représentait le Prince Albert et frappait de son trident la terre d'où s'élançait un cheval de bataille. Près de lui croissait un immense laurier, dont le tronc était recouvert par les dépouilles des ennemis vaincus et, dont les épais rameaux semblaient abriter en s'inclinant des captifs, les mains liées derrière le dos, l'attitude suppliante. A gauche Pallas représentait Isabelle, tenant d'une main le fameux bouclier de Méduse, et de l'autre sa lance changée en un verdoyant olivier. A ses côtés était l'autel de la paix et du salut enlacé par un serpent. On connaît le Mythe antique. Neptune et Pallas étant en désaccord pour savoir lequel donnerait son nom à la ville qui venait de s'élever sur le sol de l'Attique, les Dieux prononcèrent que celui-là aurait droit qui produirait la chose la plus utile à l'espèce humaine. Or Neptune fit naître du sol un cheval de bataille, symbole de l'art militaire, par lequel les états reculent leurs frontières et deviennent plus puissants. Pallas métamorphosa sa lance fichée en terre en un olivier, symbole de la paix, le plus beau don que la Divinité puisse faire aux mortels. La sentence fut prononcée en sa faveur, et la ville nouvelle, du nom de la Déesse, s'appela Athènes.

Sur la poitrine des deux Hermès, on lisait ces inscriptions :

> *Fundit equum Alberto tellus, tibi munus Olivæ*
> *Pacifera, ut bellum bella Isabella domes.*
> *Eligite alterutrum, Batavi : nam parcere nôrunt,*
> *Nôrunt Archiduces subdere Marte feros.*

> *Dans le iardin de ces deux Princes*
> *Egalement va croissant le laurier*
> *Victorieux : le paisible oliuier*
> *Pour faire grâce à leurs humbles provinces.*

> *Nulla Ducum melius geminorum crescit in horto*
> *Arbor, ad ornandos laurus quam nata triumphos,*

*Et quæ pacifici maturat bacca venafri :*
*Belga sed eligit hanc, petit illam, exoptat utramque.*

Au fronton du théâtre se dressaient les armoiries des Princes autour desquelles étaient entrelacées des branches d'olivier et de laurier. Au-dessous on lisait :

« *Serenissimis Principibus, Alberto et Isabellæ,*
» *Quod pace vel armis, Provincias temporum*
» *Malignitate a reliquo Belgii corpore divulsas*
» *In unum restituent, Valentiani bene ominantes*
        » *Posuere.* »

Sur le devant du théâtre, on voyait représentés, par des personnages vivants, Mars à l'épée menaçante et Pallas une branche d'olivier à la main. Tous deux semblaient adresser la parole à huit jeunes filles assises en cercle à leurs pieds, symboles des huit provinces rebelles, Hollande, Zélande, Frise, Groningue, etc. Auprès de la partie inférieure du théâtre, sur le pavé de la chaussée, on avait entassé d'un côté des instruments de guerre, des armes, des bombardes, etc., de l'autre des instruments de paix, des hoyaux, des faux, des socs de charrue, etc. Entre les deux tas, figuraient les armes de Valenciennes entourées d'une guirlande d'olivier.

De là, les Altesses se dirigent vers la grand'place et s'arrêtent en chemin au coin de la rue des Rhoneaux, pour contempler une *Histoire* érigée par les brasseurs. Sur un char d'or, attelé de deux autruches, étaient assis les Princes, représentés par deux jeunes filles. A leurs pieds, une nymphe, la Belgique, reçoit de leurs mains un rameau d'olivier. La Paix, au riant visage, tenait les rênes. Les trois vertus théologales la Foi, l'Espérance et la Charité poussaient les roues du char, sous lesquelles l'Envie secouant sa chevelure de vipères et se rongeant le cœur, était écrasée. A droite un pélican se creusait la poitrine pour nourrir ses petits de son propre sang; à gauche, une poule étendait ses ailes pour couvrir et pour réchauffer ses poussins. Deux Hermès soutenaient le théâtre, à la partie supérieure duquel on voyait les armes des Princes, celles du duc d'Arschot et celles de la ville.

La partie inférieure, celle qui avoisine le sol, était décorée par une allégorie de la guerre renfermée dans une cage étroite et chargée de chaînes.

Après avoir contemplé toutes ces merveilles, les Princes continuent leur marche triomphale et arrivent à l'entrée de la grande place. Là, auprès du Beffroi, le Magistrat avait fait dresser un arc de triomphe vraiment monumental, qui attira vivement l'admiration des Princes. Il avait deux faces, deux frontons et une triple porte. Celle du milieu, deux fois plus grande que les autres, mesurait trente-six pieds de large et huit de profondeur. Du sol au sommet du fronton où s'élevait une statue de l'Espérance, on comptait cinquante-quatre pieds. Les fûts des colonnes, d'ordre ionique, simulaient le marbre jaune, veiné de blanc; la base et les chapitaux, le marbre noir, les triglyphes et le fronton, le marbre de Paros. Au-dessus de la corniche, dans une sorte de pavillon spacieux, un navire, les mâts rompus, les voiles déchirées par la tempête menaçait de s'engloutir dans les flots, tandis que les matelots élèvent vers le ciel leurs mains suppliantes et implorent un Dieu sauveur. Une nymphe debout sur la poupe, un lion couché à ses pieds, symbolise la Belgique. Les yeux humides de larmes, elle semble renaître, à l'aspect des deux astres favorables aux matelots, Castor et Pollux, qui brillent sur sa tête. Au tympan du fronton, Jupiter assis sur un aigle, calmé par la présence des Dioscures, ramène sur sa poitrine la main qui lance la foudre, dissipe les nuages et promet le salut. L'allégorie ne faisait doute pour personne. Ce sauveur, c'étaient les Archiducs. Des deux côtés du pavillon, on voyait en relief Neptune et Téthys, couronnés de rayons où se jouaient les perles et les diamants. Ils portaient des manteaux azurés, et, à l'aide du trident apaisaient le tumulte des flots. Il s'agissait des princes calmant les tempêtes de l'État. Deux obélisques de porphyre se dressaient sur leur piédestal de marbre blanc, et leurs pointes étaient couronnées par des nids d'alcyons, au bord desquels ces oiseaux, symboles de calme et de paix, s'inclinaient mollement en fixant sur le sol leurs bienveillants regards.

Des deux côtés du frontispice, on voyait des Dieux marins.
Leur main droite laissait flotter de longues banderolles sur lesquelles on pouvait lire les vœux que formait le pays tout entier,
et la gauche tenait un étendard de soie rouge où étaient
entrelacées les armes des Archiducs. Sur le soubassement on
lisait :

*Spes et vota Belgarum.*

Entre les colonnes, sous l'architrave, deux inscriptions, l'une
à droite :

*Belgica quae variis iamdudùm agitata procellis*
*Mergeris, aut mergi es proxima, tolle caput.*
*Ecce Dioscuros, duo lucida sidera, pacis*
*Nuncia, Olympiacâ mittit ab arce Deus.*

l'autre à gauche :

*Belgicque nef ne crain plus le naufrage,*
*Puisque Téthys dame de notre mer,*
*Et son Neptun du trident vont s'armer,*
*Tanceans les flots, et appaisans l'orage.*

*Belgica naufragium timeat ne puppis, in æquor*
*Invehitur ponti rex et neptunia conjux :*
*Ingens et trifida molitus cuspide sceptrum*
*Imperat ille mari, ventos objurgat uterque.*

L'autre façade qui regardait la place était en harmonie avec
celle que nous venons de décrire. Dans le pavillon du milieu,
adossé au précédent, Phébus et Diane portés sur un char attelé de
deux chevaux blancs et de deux cerfs, écartaient. d'une main
propice, des nuages sombres, des hiboux, des chauves-souris et
d'autres oiseaux de mauvais augure. Au-dessous s'étendaient les
plaines de la Belgique, incultes et arides, couvertes de ruines,
de temples renversés et de maisons écroulées. Ici des gens armés
sont aux prises et répandent autour d'eux l'incendie, le pillage et
la mort; là de rares navires sillonnent les mers infestées par les
pirates. Mais Phébus et Diane éclairent de leur flamme bienveil-

lantes ces lugubres tableaux et semblent réparer ces désastres. Plus loin une jeune fille, dont le voile déchiré laisse apercevoir des larmes, est assise sur un rocher désert. A son front couronné de tours, à ses pieds sur lesquels repose un lion, son gardien, on reconnaît la Belgique. Elle élève vers le ciel ses regards et ses mains, pour implorer le secours d'un libérateur.

Des deux côtés de ce pavillon, les Archiducs sont représentés, montés sur des chevaux blancs, et revêtus du costume qu'ils portent à la joyeuse entrée. Aux extrémités s'élevaient, comme sur l'autre façade, deux obélisques laissant voir à la partie inférieure un sceptre avec un œil, symbole de vigilance et de félicité pour la Belgique qui, depuis si longtemps veuve de ses Princes, doit se promettre d'heureux jours. Au-dessous des piliers du pavillon, à droite, une statue de la Belgique caressant d'une main un lion qui se dresse sur ses deux pattes de derrière, de l'autre portant un étendard romain. Sur la couronne qui ceignait son front on lisait :

*Belgica renascens.*

A gauche, la Déesse de la Félicité avec le caducée, la corne d'abondance et une couronne de chêne portant cette inscription :

*Secvli felicitas.*

Sur les petites colonnes, on avait peint en bronze quatre vertus : la Religion, sous les traits d'une jeune fille, serrant un crucifix contre son sein, la Paix, tenant une branche d'olivier, la Justice, une épée nue à la main, la Charité, portant un cœur entre ouvert. Rappelées de l'exil par les Princes, ces vertus semblent revenir pour grossir le cortége de leurs sœurs. Dans les deux angles que forme la courbe du portique, deux nymphes sont assises. D'une main, elles tiennent une corne d'abondance, de l'autre des raisins et des épis de blé.

Entre les colonnes, sous l'architrave, on lisait deux inscriptions, l'une à droite :

*Belgica quæ Domini conspectibus orba jacebat*
*Squalida, et in busto pene sepulta suo :*

*Aspice ut illa suæ flammis rediuiua Dianæ,*
*Et radiis Phœbi fulgida tota sui est!*

à gauche :

*Vous r'aurez donc l'œil heureux de vos Princes*
*Tristes Belgeois, et l'Amour et la Foy,*
*Paix, Pitié, la Justice et la Loy,*
*Et tout bonheur reuoiront vos provinces,*

*Ergo Ducum faustos iterùm spectatis ocellos,*
*Et vos rursùs Amor, Belgæ, Pietasque reuisit,*
*Iudicium, Lex, prosperitas cum Pace Fidesque?*
*Mutetur tristis facies, in gaudia luctus.*

Voici quel était l'ornement intérieur des portes. A droite de la porte principale, Maximilien d'Autriche, héritier des Provinces belges, et Marie de Bourgogne sa femme. A gauche les Archiducs peints en pied, avec le costume de la joyeuse entrée. Au milieu de la voûte, un soleil éclatant dissipait les nuages. Sous le petit portique latéral de gauche on lisait :

RECREATE ASPECTV VESTRO, O EXOPTATISSIMI PRIN-CIPES, ALBERTE ET ISABELLA PAR NOBILE CONIVGVM, TOT IMPP. TOT REGVM, MAXIMORVMQVE PRINCIPVM, BONO REIP. NATA PROGENIES. RECREATE VALENTIANAS VESTRAS, UNAM E PROVINCIIS BELGICIS, SI NON DITIONIS AMPLITV-DINE, AT FIDE ET AMORE DEVOTISSIMISQVE OBSEQVIIS RE-LIQUARVM NVLLI CEDENTEM. REDAMATE, FOVETE, AB INIVRIIS VINDICATE. SIC VOBIS, LIBERIS, POSTERISQVE VESTRIS, FELIX AC ÆTERNVM STET ISTVD IMPERIVM.

sous celui de droite :

VALENTINIANAS, VT TRADITVR, CONDIDERE GALLI SENO-NES, QVI, BRENNO DVCE, ROMAM CEPERE. RESTITVIT IMP. VALENTINIANVS I. POMERIIS NOVIS AMPLIAVIT AC A SE NVN-CUPARI VOLVIT. POST HABVERE COMITATVS TITVLO SVB IMPP. REGVMQVE PATROCINIO SVI PRINCIPES AC DOMINI, INDÈ HANNONIÆ, INTERDVM FLANDRIÆ COMITES, PROVIN-

CIAM PER SE AB OMNI ÆVO, A QVIBUS LONGA SERIE GENUS
DEDVCENTES ALBERTVS ET ISABELLA FELICIORIBVS AVS-
PICIIS HVIC REIP. VETERA SUA IVRA LIBERTATEMQVE
ÆTERNAM SPONDENT.

Quant aux grisailles de ces portes latérales, elles représentaient
à droite l'Escaut fécondant de ses eaux Valenciennes mollement
appuyée sur ses flancs, Neptune assis sur la poupe d'un navire et
frappant de son trident les eaux de l'Escaut, son fleuve bien-aimé.
A gauche, l'origine, l'accroissement de la ville de Valenciennes
et ses prérogatives, Brennus, chef des Gaulois Senonais, puis Va-
lentinien I⁵ᵉ, empereur. Ces deux personnages remarquables par
leurs armes et par le laurier impérial étaient à cheval. Au-dessous on lisait :

*Brenno conditori*
*Valentiniano restitutori.*

A la voûte de la porte située à gauche, les armes des Archiducs
entrelacées d'or, d'argent et de laurier, vers lesquelles s'élançaient
quatre grands lions dorés, portant des fleurs dans leurs gueules
et les initiales des noms des Princes A. I. A celle de la porte située
à droite, les armes des Archiducs autour desquelles prenaient
leur essor quatre cygnes, emportant dans leurs becs les initiales
des Souverains entrelacées de fleurs.

A l'autre extrémité de la grand'place, à l'entrée de la rue de
l'Ormerie (1), dite Saint-Géry, se dressait aussi un arc de triomphe
monumental et plus remarquable encore que celui du Beffroi.
Mais pour y parvenir, il faut d'abord traverser un portique qui se
développe dans toute l'étendue de la place, sur une longueur
de cinq cents pieds et une largeur de quarante. Ce portique était
orné des deux côtés, d'une centaine d'Hermès, échelonnés à dix
pieds de distance, dans l'intervalle desquels on avait disposé

---

(1) Rue de l'Ormerie et mieux de *Lormerie*, c'est-à-dire des lormiers, fabricants d'éperons, selles, etc... Elle s'étendait de la grand'place ou grand
marché à la place Saint-Géry. Venaient ensuite la *rue devant le portail de
Saint-Géry*, puis *la rue des Tanneurs*, jusqu'au *cul-de-sac d'en bas l'eau*, puis
la *rue Salle-le-Comte*.

un grand nombre de candélabres à la flamme éblouissante.

Le Magistrat en avait décidé autrement. Ce portique auquel sculpteurs, décorateurs et peintres auraient collaboré, devait contenir sur les candélabres, par ordre chronologique, les portraits aussi ressemblants que possible, des Princes valenciennois, leurs noms et tous leurs titres, depuis les comtes les plus anciens de la Flandre et du Hainaut, jusqu'aux Ducs de la noble maison de Bourgogne. On arrivait ainsi aux Archiducs d'Autriche et aux Princes Albert et Isabelle. En face, de l'autre côté du portique, on aurait représenté les armes de chacun d'eux. Sans parler de la richesse décorative dont cette galerie princière aurait rehaussé le portique, les nobles hôtes que la joyeuse entrée attirait dans la cité auraient pu juger par eux-mêmes des titres de la *franke ville*, de son illustre passé, de ses prérogatives que mal à propos quelques-uns s'efforçaient de révoquer en doute. Il paraît que le temps et l'argent ne permirent pas de mettre ce projet à exécution.

Après avoir admiré et franchi l'arc de triomphe du Beffroi, les Archiducs et leur cortége pénètrent dans le portique, et s'arrêtent vers le milieu du parcours, en présence d'un spectacle nouveau, qui parut vivement les intéresser.


§ II.


En face de la maison échevinale s'étendait un vaste bassin de forme hexagonale, dans les eaux duquel quatre cygnes nageaient et prenaient leurs ébats. Ce bassin, dont le pourtour était en bois habilement travaillé, avait seize pieds de diamètre. Au centre s'élevait une colonne d'ordre attique, quadrangulaire, de vingt-huit pieds de hauteur, sur quatre de largeur. Vers le milieu, elle était ornée d'une sorte de ceinture et de trois têtes de lions dont la gueule laissait échapper en abondance l'eau que contenait un réservoir pratiqué à la partie supérieure. Au-dessus du chapiteau, d'ordre corinthien, se trouvait un tonneau surmonté de Bacchus. La statue du Dieu, en bois élégamment sculpté, avait pour couronne et pour ceinture des pampres d'où s'échappaient des grappes de raisin vermeil. A cheval sur son tonneau, Bacchus tenait à la main une coupe pleine de vin. A ses côtés, Cérès, sa gracieuse compagne, couronnée d'épis, appuyait mollement sa main droite sur l'épaule de Dieu, tandis que la gauche pressait une gerbe de blé.

Le vin, par des conduits souterrains, arrivait, de la maison échevinale, dans le tonneau même de Bacchus, d'où il jaillissait avec tant de rapidité, que le dais aux riches tentures qui abritait les Princes, en fut presque atteint. A cette vue, on raconte que la sérénissime Infante daigna sourire et dirigea son cheval vers l'endroit du bassin où les flots de vin venaient retomber.

Les deux côtés du stylobate ou soubassement de la colonne, dont l'un regardait le Beffroi et l'autre la rue de l'Ormerie, étaient ornés de grisailles.

Cependant le cortège suit sa marche le long du portique et s'avance vers le second arc de triomphe élevé à la sortie de la place, pour consacrer la gloire et la valeur des Princes.

Large de trente-six pieds, profond de dix pieds, haut de vingt-cinq, ce monument, d'ordre étrusque, avait deux faces et trois portes, comme celui du Beffroi. Sur le sommet des colonnes en ophite qui forment pour ainsi dire la charpente principale de l'édifice, s'étend une plate forme carrée où s'élève un temple richement décoré, dont les deux portails correspondent aux deux faces. C'était le temple de l'Honneur. Au fronton, les dépouilles des ennemis vaincus, à la partie supérieure, un globe d'or, des deux côtés, deux Victoires ailées portant dans leurs mains des lauriers; enfin au sommet, l'Honneur sous les traits d'un jeune homme revêtu d'une tunique d'or et d'un manteau violet, la tête armée d'un casque, la main droite d'une lance, la gauche d'une corne d'abondance. Sous l'un de ses pieds, il tient un globe. Enfin il est tel qu'on le voit représenté dans les anciennes pièces de monnaie. Les Princes Albert et Isabelle s'élancent vers lui, l'un remarquable par son armure, l'autre par ses vêtements blancs, couverts d'or et de pierreries. L'Honneur les accueille avec bienveillance.

De l'autre côté du temple, sur la rue de l'Ormerie, se tenaient dans des niches, les statues d'airain de Charles-Quint et de Philippe II, une lance à la main, au lieu de sceptre, à la manière des Dieux et des Héros. On aurait aussi voulu faire figurer à l'extérieur Rodolphe Iᵉʳ, empereur d'Allemagne, et d'autres empereurs du sang autrichien, Ferdinand le Catholique et Isabelle, des souverains très-chrétiens de la France, depuis Charlemagne et Saint-Louis, jusqu'à François Iᵉʳ et Henri II, pour la plupart ancêtres d'Isabelle et d'Albert; mais l'espace ne le permit pas. Aussi tous les Princes furent-ils placés à l'intérieur du temple, où ils recevaient la lumière d'un lustre étincelant suspendu au plafond.

Le dôme de ce Panthéon improvisé était recouvert de tuiles aux reflets d'argent. Au sommet flottait un immense *labarum* écarlate, portant cette inscription : *Pax*. Les décorations, du côté de la rue de l'Ormerie, se composaient surtout d'allégories ayant pour objet l'Hyménée et l'Amour. Voici une des inscriptions :

> *Qualis florigero Virtus si nubat Honori*
> *Cœlicolùm aethereo plausus in orbe foret :*
> *Talia (nam uirtus ipsa est, honor ipsus uterque)*
> *Archiducum faustus gaudia ludit Hymen.*

Cet arc de triomphe franchi, les Princes s'avancent, et, vers le milieu de la rue de l'Ormerie, ils trouvent un théâtre élevé par les drapiers. D'un côté de la scène, des personnages vivants représentaient Albert faisant la guerre à Bellone, à la Révolte, au Pillage, à la Faim, à la Pauvreté. De l'autre Isabelle luttant contre l'Hérésie, l'Athéisme, le Blasphème. Près d'eux se tenait la Paix avec le rameau d'olivier et la corne d'abondance. Un autel enlacé par un serpent, les armes du duc d'Arschot et celles de la ville complétaient, comme partout, la décoration. Une inscription expliquait d'ailleurs l'allégorie :

*Courage, Albert, chasse à ce coup la guerre,*
*La faim, la foulle et l'oppresse : En leur lieu*
*Rens nous la Paix, fille aisnée de Dieu,*
*Pour veoir encore refleurir ceste terre.*

*Et toy aussy que le Ciel a choisie*
*Pour restablir la croix, et les aultels,*
*Frappe, Isabel, et chasse à coups mortels*
*Bien loing de nous la perverse Hérésie.*

*Macte, Alberte, procul bellum depelle famemque,*
*Et pressos variis nos tueare malis.*
*Cura sit è cœlo venientem reddere pacem,*
*Sumat ut antiquas Belgica rursus opes.*

*Tu quoque quam cœlum reparandis destinat aris,*
*Ut redeat veri cultus honorque Dei :*
*Pelle procul densas errorum, Isabella, tenebras,*
*Claraque lux radiis sit rediuiua tuis.*

Mais déjà les Princes sont arrivés au cimetière Saint-Géry où Pierre d'Oultreman aurait voulu élever un nouvel arc de triomphe. Mais le Conseil échevinal s'y opposa craignant que la dépense ne dépassât les ressources. De l'autre côté du cimetière, un théâtre élevé aux frais des tanneurs, renfermait le Parnasse, Apollon et les neuf Muses jouant d'instruments divers, sous la direction de Mercure, pour saluer l'avènement des Princes.

Le cortége arrive enfin à la Salle le Comte et pénètre dans la cour. Là les Archiducs mettent pied à terre, non loin du péristyle de l'église du palais. Ils furent reçus par le collége des Chanoines et par les autres personnages de l'ordre ecclésiastique, ayant à leur tête le R. Abbé de Saint-Jean. Celui-ci tenait à la main un crucifix enrichi d'or, d'argent et de pierreries, que les Archiducs, à genoux, s'empressèrent d'embrasser avec respect. Puis on entra solennellement dans le temple au son d'une musique religieuse et bientôt retentirent le *te Deum*, les *hymnes* de saint Ambroise et de saint Augustin, en actions de grâce. La cérémonie terminée, le cortége se dispersa et les Archiducs se retirèrent dans les appartements du Palais qu'on leur avait préparés. A ce moment des détonations d'artillerie se firent entendre, pour leur souhaiter bon repos. De tous côtés on alluma des feux que l'on entretint toute la nuit, pendant que les tours des églises retentissaient de leurs joyeux carillons. Sur les remparts, le canon grondait; toute la ville était en liesse, et ces réjouissances bruyantes durèrent jusqu'au surlendemain soir, c'est-à-dire jusqu'au départ des Princes. C'est à peine si la fatigue imposait après minuit quelques heures de silence et de repos.

La seconde journée, un dimanche, saluée dès l'aube par l'artillerie, fut consacrée à l'importante cérémonie du serment. D'abord Messieurs du Magistrat revêtus de la robe de soie noire, et leur cortége se rendirent à la Salle-le-Comte pour prendre les Princes et les accompagner jusqu'à l'Église Saint-Jean. Arrivé devant le portail, tout le cortége fut reçu en grande cérémonie par l'abbé Jean Fallisius et le collége des Chanoines. Un Dais de damas violet rehaussé d'or abrita les Altesses jusqu'au pied de l'autel.

Pendant ce temps-là, on achevait la décoration de la cour du Palais. Près de l'église s'élevait une estrade recouverte de drap d'or. Au milieu deux siéges de damas rouge étaient destinés aux Princes. C'est là qu'ils devaient prononcer le serment solennel.

Au retour de l'église Saint-Jean, le cortége regagna processionnellement le palais dans la cour duquel on laissa pénétrer la foule, pour donner plus de pompe à la cérémonie. Après la présentation officielle du Magistrat par le Duc d'Arschot, le Gouverneur Richardot prit la parole, et, dans une harangue où la flatterie le dispute à la nullité, il adressa ces paroles aux Princes d'une voix haute, pour être bien entendu du peuple qui remplissait la cour et le prairie :

« L'homme est sans doute l'animal le plus parfait par le corps » et par l'âme, l'œuvre la plus achevée du Créateur; mais quels » que soient les efforts de sa pensée et de son raisonnement, il

» n'a jamais pu pénétrer les secrets de la Providence, ou les
» mystères de sa propre nature. Que dis-je ? Plus il essaie, dans
» son audace téméraire, de pénétrer l'avenir, plus il démontre sa
» chute, sa folie, son aveuglement. La preuve, c'est que la Pro-
» vidence appelait à elle notre Belgique. Toutes les fois en effet
» que les affaires ont été désespérées, les tempêtes agitant au
» dehors le vaisseau de l'État, sans qu'aucun espoir de salut ne
» brillât au ciel, chaque fois Dieu dans ses conseils admirables
» et sa sagesse extraordinaire, l'a sauvée du naufrage et l'a con-
» duite au port. L'histoire de tous les siècles en fait foi. Depuis
» les premiers Princes de la Belgique, on en trouve de nom-
» breux exemples. L'un entre autres, remarquable et presque
» récent, c'est celui de l'Archiduc Maximilien Ier et de Marie de
» Bourgogne, héritière de ces Provinces, les heureux ancêtres de
» nos Archiducs. Ces Princes, bien que affligés par les luttes et
» les factions, bien que assiégés de toutes parts par des ennemis
» puissants, ont laissé à leurs enfants et à leurs descendants,
» contre toute espérance, la paix et des états florissants. Aussi si
» la Belgique éprouvée par tant d'infortunes possède maintenant
» nos Princes, après lesquels elle soupirait, la Belgique, après
» Dieu ce qu'ils ont de plus cher, pacifiée, reconstituée au sein
» du calme et de la tranquillité, échappera au naufrage.

« Les Princes ont voué une affection particulière à Valen-
» ciennes, parce qu'ils comprennent que leurs aïeux attirés soit
» par le charme du lieu, soit par l'abondance de toutes choses,
» soit par des lois sages, par des institutions les plus remarqua-
» bles de la Belgique, par le caractère de ses habitants dévoués
» de tout temps à leurs Princes, avaient préféré cette ville à
» toutes les autres et l'avaient choisie pour l'habiter de préfé-
» rence et y fixer leur domicile. De là tant de privilèges et d'im-
» munités dont elle jouit, et dont les Princes l'ornent encore de
» jour en jour. C'est ainsi que les Princes reconnaissants récom-
» pensent leur amour et leur fidélité. De là tant de basiliques, de
» temples, de monastères élevés à grand frais ; de là tant d'asiles
» consacrés aux pauvres des deux sexes, aux vieillards, aux

» veuves, aux lépreux, aux malades, aux pestiférés, aux orphe-
» lins, aux prêtres accablés par la vieillesse et la pauvreté, aux
» voyageurs. Aussi que de Princes se vantent d'avoir eu Va-
» lenciennes pour berceau! Que de Princes l'ont choisie pour y
» mourir! Ce domaine a été pendant plusieurs siècles admirable-
» ment administré par ses propres Princes, et par des Comtes
» fameux, puis par des Gouverneurs que la cité a reconnus, enfin
» par des Comtes de Hainaut et de Flandre, jusqu'à l'avénement
» de l'illustre Maison de Bourgogne, alliée au Roi de France et à
» l'Autriche, fameuse dans tout l'univers. Les Archiducs des-
» cendent de ces nobles aïeux. Aussi qu'ils ne doutent pas de la
» fidélité de leurs nouveaux sujets. Eux aussi leur rendront
» obéissance et fidélité. » Cette harangue dont nous ne pouvons
reproduire que la substance, dura une demi-heure. Quoique
incomplète, elle suffit pour donner une idée de l'éloquence officielle du temps. Henri d'Outreman malade n'a pu la conserver en
entier. Ensuite on procéda à la cérémonie du serment.

Il était d'usage que les Seigneurs de Valenciennes, le jour de
leur joyeuse entrée, prêtassent serment dans la salle conven-
tuelle de l'abbaye de Saint-Jean, sur des reliques célèbres, dues
à la pieuse générosité des héros des croisades et surtout des
compagnons de Bauduin. Cette antique coutume cessa d'être
observée à partir de l'avénement de la Maison de Bourgogne. La
cérémonie de la prestation de serment des Souverains se fit dès
lors à la Salle-le-Comte (1). Sur un prie-Dieu recouvert de drap
rouge se trouvait un missel que le Prévôt de la ville ouvrit sous
le regard des Princes, tandis que le Conseiller ordinaire Roza,
debout à leurs côtés, donna lecture de la formule du serment en
ces termes :

« Nous Albert et Isabelle, Clara, Eugénie, Infant d'Espagne,
» par la grâce de Dieu. Archiducs d'Autriche, ducs de Bour-
» gogne. de Lorraine, de Brabant, du Limbourg, etc., etc ,
» comme mari et chargé des intérêts de la sérénissime infante, et

(1) L. Cellier, Mém. hist., T. III, pag. 69.

» nous Infante, comme propriétaire de droit de toutes ces pro-
» vinces, voulant accomplir et mener à bonne fin ce qui a été
» promis et juré par nous le 21 août 1598, à tous les États de la
» Belgique réunis à Bruxelles dans la grande salle de notre
» palais : nous promettons et nous jurons sur le saint Évangile
» que nous protégerons fidèlement cette ville de Valenciennes, la
» la nôtre, et en même temps les citoyens des deux sexes et les
» habitants, ainsi que leurs biens, tant à l'intérieur qu'à l'exté-
» rieur, et que nous les dirigerons, nous les gouvernerons d'après
» les lois et les droits qui leur sont particuliers. Nous proclamons
» aussi que nous conserverons, protégerons et respecterons les
» libertés et priviléges de cette ville, ses lois, ses droits et ses
» coutumes, de la même manière que nos prédécesseurs, Comtes
» et Comtesses du Hainaut, Seigneurs et *Seigneuresses* de Valen-
» ciennes les ont respectés, et de la même manière que cette
» ville, ses citoyens et ses habitants ont coutume d'en user et
» d'en jouir de toute antiquité... En outre nous promettons et
» nous jurons d'observer fidèlement tout ce que nous avons
» promis à Bruxelles, le 21 août 1598, dans l'assemblée des re-
» présentants de nos provinces. »

« *Ita nos Deus amet, et omnes sancti ejus.* »

Les Archiducs après avoir pieusement embrassé le livre des
évangiles, prononcèrent le serment solennel. Ensuite le Prévôt
de la ville et le Magistrat, précédés du Conseiller Roza, firent tour
à tour serment de fidélité aux Princes. La foule accueillit par des
acclamations joyeuses cette touchante cérémonie :

« *Feliciter, et, vivant serenissimi Principes!* »

Puis on fit largesse au peuple en lançant dans la foule divers
objets d'or et d'argent. Les notables de la ville et plusieurs seigneurs des environs ne furent pas oubliés. Nicolas Rasoir, Nicolas
de la Pierre, Seigneur d'Aubry, Antoine Le Poyvre, Seigneur du
Rosuet, etc., furent nommés chevaliers.

Comme les Princes se disposaient à quitter l'estrade, le Magistrat, par l'organe de Roza, adressa des actions de grâces à Dieu

d'abord, aux Princes ensuite, pour les remercier de l'ineffable faveur qui était accordée à la ville de Valenciennes. « Tous les citoyens, tous les habitants aiment à se dire les sujets et les clients de Princes aussi distingués. Désormais ils attendent tout de leur bienveillance. Ils espèrent que par leur valeur et leur sagesse, avec le secours de Dieu, ils mettront un terme aux calamités qui chaque jour viennent frapper la Belgique. Dans leurs ferventes prières, ils demandent au Dieu tout-puissant d'accorder à leurs projets et à leurs efforts un légitime succès. Les Princes ne doivent pas douter de l'obéissance et du dévouement de leurs sujets. »

Lorsque Roza eut terminé, les Princes se retirèrent dans le palais et la foule se dispersa. Les principaux citoyens réunis aux nobles et seigneurs se rendirent à la maison échevinale où un somptueux banquet avait été préparé par les soins du Magistrat. Outre les grands personnages du pays, on avait encore invité les hauts dignitaires de l'Espagne et de l'Italie qui faisaient partie de l'escorte des Princes. Ceux-ci furent frappés de la splendeur du festin et de la gaieté des convives. En partant, ils remercièrent avec empressement le corps échevinal et les seigneurs de leur accueil et de leur cordialité.

Le chanoine Boniface de la Salle-le-Comte mit en musique deux strophes que Henri d'Oultreman avait composées. On les chanta au banquet, car les Princes occupés ailleurs ne purent les entendre. Les voici :

*Belgica, quæ Domini compectibus orba, jacebat*
    *Squalida, et in busto penè sepulta suo :*
*Aspicite ut vestris, Alberte, Isabella, resumit*
    *A radiis, vultus, iam rediuina nouos !*

*Dic ter io, et patriis, bona verba, Valentia, cygnis*
    *Lœta præi, vox hæc omnibus una sonet.*
*Sat Marti, laurisque datum, sere pacis olivam,*
    *Alberte, ó, bella hinc, bella, Isabella, fuga.*

L'après-midi nos Princes consentirent à voir jouer dans la cour du Palais une tragédie en latin, par les élèves du collége des Jésuites. On y représentait la victoire mémorable d'Albert Ier,

Duc d'Autriche, remportée sous les auspices de son père, l'empereur Rodolphe I<sup>er</sup>. Ottocarus de Bohême a recommencé perfidement la guerre; mais avec le secours de Dieu et de la sainte croix à laquelle Albert a voué un monastère et un temple, avant le combat, s'il venait à triompher, la défaite d'Ottocarus fut complète. En récompense de ses exploits, Albert reçoit le titre de premier Duc d'Autriche, et de grands honneurs sont décernés à Elisabeth de Carinthie, sa courageuse épouse. Un pareil spectacle devait plaire aux descendants d'Albert et d'Elisabeth. Bien qu'écrite en vers latins, l'œuvre fit ,dit-on, grand plaisir aux Princes qui témoignèrent au Père Directeur toute leur satisfaction.

Cette même pièce fut jouée le lendemain sur la place qui s'étend devant l'église Saint-Jean, au milieu d'une foule enthousiaste, heureuse d'applaudir l'œuvre et ses jeunes interprètes.

Malgré nos recherches, nous n'avons pu découvrir le manuscrit de cette tragédie. Mais en pareille matière, les circonstances étant toujours les mêmes, il était bien difficile de varier le fond et la forme d'une telle composition. Aussi la similitude des sujets, dont la courte analyse a été transmise par les chroniqueurs, nous permet-elle de croire qu'à Douai, le 11 février 1600, à l'occasion de la Joyeuse entrée, la tragédie de Rodolphe avait eu une première représentation. En voici le prologue :

*Prologue d'une tragédie intitulée Rodolphe, jouée au collège d'Anchin par les élèves des Jésuites, devant leurs Altesses Albert et Isabelle, à l'occasion de leur entrée solennelle en cette ville.*

> *Parcite Palladio si tincta liquore juventus*
> *Nostra theatrales audet proferre tragædos,*
> *Austriaci proceres, prætextæ parcite coram,*
> *Si nostræ properat ridendæ infantia linguæ*
> *Blæsa loqui. Suras tragico succincta cothurno,*
> *Rejectis gravior soccis proscænia pubes*
> *Ingreditur; quos inter erit qui divite finget*
> *Rodolphum trabœa: cujus spectata refulsit*
> *In superos quondam pietas: regisque rebelles*
> *Imperio fastûs dextra victrice domabit.*

*Hic partes Alberte tuas, generosaque conjux*
*Elizabetha suas peraget productus uterque*
*Scilicet in thalamos sociabitur auspice tæda;*
*Connubio felix, felicior omine totas*
*Imperii fundabit opes populique quietem*
*Sancict, interpres pacis; prolusimus istud*
*Quicquid ait proceres oculo censore notate.*

(Extrait du Mss. n° 724 de la Bibliothèque de Douai).

Le lendemain, les Princes visitèrent la célèbre abbaye de Vicogne, de l'ordre des Prémontrés, située au milieu d'une antique forêt qui s'étendait au N.-O de Valenciennes, vers Tournai, jusqu'aux confins du pays de Pévèle. Ils furent reçus par le R. P. Dom Jean Six, le Prieur de cette riche abbaye. Après le repas, on se livra aux plaisirs de la chasse, et, vers le soir, les Princes entourés d'une escorte d'honneur regagnèrent Valenciennes.

Enfin on annonça leur départ. Aussitôt le Magistrat s'empressa près d'eux, pour les remercier de nouveau de l'insigne honneur dont ils ont comblé la cité par leur auguste présence. On offrit à tous les gens de la suite de riches présents, parmi lesquels figuraient surtout bon nombre d'amphores et de tonneaux remplis de vin. Les Princes donnèrent au Magistrat l'assurance de leur contentement, et ajoutèrent qu'ils n'oublieraient jamais une aussi brillante réception.

Le 22 février, vers neuf heures, ils se mettent en marche pour Chièvres, lieu fameux de pèlerinage [1], en passant par Condé où ils devaient prendre un repas. Avant de se rendre à Mons, la capitale du Hainaut, pour y faire *la Joyeuse entrée*, ils voulaient honorer par des dons et par des présents la Vierge Mère de Dieu, Notre-dame de Chièvres, célèbre au loin par ses miracles.

---

[1] Henri d'Outreman, l'historien Valenciennois, avait une dévotion toute particulière à la sainte Vierge, surtout à Notre-Dame de Chièvres. C'est à son intercession qu'il attribuait son salut. A Saint-Amand, un chariot chargé roula sur lui, sans qu'il en ressentît la moindre atteinte. C'est encore à la même invocation, nous dit-il, qu'il crut devoir le retour à la vie de sa femme Jeanne Delacroix, abandonnée des médecins. Chaque année, il allait en pèlerinage à Chièvres avec toute sa famille. — Le seigneur de Chièvres porte *per, de gueulles à trois lions d'argent.*

# CHAPITRE II.

## COMPTE DES MASSARDS DE LA VILLE.

---

### § I<sup>er</sup>.

**Compte Jehan Vivier et maistre Anthoine Delacroix, Massarts (1) de la ville, de la Ioyeuse entrée de leurs Altezes sérénissimes, présenté au Magistrat le 9 mai 1603.**

*Mises et délivrances d'argent pour despences soutenues à la Joyeuse entrée de leurs Altezes sérénissimes, en ceste ville de Valenchiennes.*

— A Feruand de Thorion, maistre carpentier de ceste ville et deux aultres maistres du mesme stil ayans estez envoyez a Bruxelles pour y veoir la structure des arcz de triomphe y erigez pour la joyeuse entrée de leurs dites Altezes, ou a vaqué chacun sept iours, leur at este paiet par billet du dix-sept décembre 1599.................................................... CV<sup>l</sup>.

— Suivant conseil particulier tenu le XX<sup>e</sup> décembre du dict temps 1599, at esté paiet a Pàris Prévost et Maistre France de Becquère, painctres, pour dix journées par eulx employez a tracer et peintre les quatre ars triomphaux et aultres spectables conceue pour servir a la dicte joyeuse entrée de leurs dictes Altezes.............................. LXXVIII<sup>l</sup> VIII<sup>s</sup>.

---

(1) *Les Massards* ou fonctionnaires chargés de la « maniance » des deniers de la ville, étaient des Receveurs municipaux. Ils fournissaient un cautionnement assez peu élevé dont le chiffre variait au gré du Magistrat. Les Archiducs le fixèrent à 8,000 florins. Pendant longtemps ils eurent, comme traitement, une part proportionnelle dans la perception des impôts. A partir de 1615, ils touchèrent des appointements fixes.

— A Toussaint Bertel pour trois iours employez d'avoir esté a Lille de la parte de Messieurs, pour achapter velour pour faire un dossier pour l'heureuse entrée de leurs dictes Altezes, le III febv. 1600................................................................ XXXˡ.

— A Nicolas Canio, messaiger de pied, pour avoir esté a Lille chercher une pièce de damas ou il a vacquez quatre iours a Lˢ chacun........................................................... Xˡ.

— Au dict messaiger pour avoir esté a Mons cherchier de la thoile d'or, le XIV de febvr. du dict temps................. Cˢ.

— A maistre Robert Roze (1), conseiller, et Jean d'Aulnoit, messaiger a cheval de ceste ville, pour avoir esté a Douay communiquer avec Monsieur le président Richardot (2) touchant la

---

(1) *Robert Roze* était à cette époque *Conseiller pensionnaire*. Le Magistrat composé, dit d'Oultreman, « d'un Prévôt et de douze échevins qui portent » ensemble le titre de Jurez » — pag. 354 — était ordinairement choisi parmi les hommes honnêtes, irréprochables, mais rarement instruits. La probité passait avant la science, d'ailleurs peu répandue à cette époque. Il fallut donc assez souvent recourir à des hommes spéciaux qui prirent le nom de *conseillers pensionnaires*, c'est-à-dire recevant traitement. « Le Magistrat, » dit d'Oultreman, est assisté de deux Conseillers pensionnaires et trois » Greffiers Greffier civil, Greffier criminel, Greffier des Werps qui sont créés » par le Magistrat et Conseil. » C'étaient des jurisconsultes aux gages de la ville, dont la présence était nécessaire quand le Magistrat s'assemblait pour délibérer. Ces fonctionnaires ont existé tant qu'a duré le Magistrat, c'est-à-dire jusqu'en 1794.

(2) Le nom de *Richardot* se trouve deux fois mêlé à l'histoire de Valenciennes dans des circonstances particulières, dont l'importance suffira pour justifier les détails suivants :

Pendant les troubles politiques et religieux qui éclatèrent en cette ville, dans la seconde moitié du XVIᵉ siècle, nous voyons figurer François Richardot. Aussitôt après la prise de la ville *à discrétion* par Noircarmes, le 23 mars 1567, l'administration civile et judiciaire fut confiée à quatre commissaires extraordinaires envoyés par la Cour. « Pareillement vint en cette » ville Monseigneur François de Richardot, évêque d'Arras, excellent théo- » logien et prédicateur, lequel par ses doctes et éloquentes prédications, » retira beaucoup de gens de leurs erreurs et les remit au giron de l'Église. » — D'Oultr., pag. 216. — Alors éclatèrent aussi les vengeances atroces que le gouvernement espagnol se hâta d'ordonner. Et ce n'était pas le fanatisme, c'était la soif du gain qui animait surtout cette troupe sacrilège. Les biens des catholiques partagèrent le sort de ceux des calvinistes.

Opprimés dans leur croyance, leur fortune et leurs libertés communales, les habitants songèrent à secouer un joug odieux. Des troubles politiques et religieux éclatèrent de nouveau à Valenciennes le 20 août 1578. « On vou- » lait même appeler les Français, dit d'Oultreman, page 231. » Quelques révoltés attirèrent dans la ville le Baron d'Harchies, qui se présenta au nom de l'Archiduc Mathias récemment élu gouverneur des Pays-Bas. Mais il fut mal accueilli par le Magistrat et par la plupart des bourgeois qui « couru- » rent aux armes et voulurent assembler le Conseil. » D'Oult. — Ce conflit menaçait de prendre des proportions inquiétantes, lorsqu'on envoya de part et d'autre des députés à la Cour. L'Archiduc peu de jours après dépêcha

dicte entrée de leurs Altezes en ceste ville, employe 2 iours, payet au dict conseiller a X$^l$ par iour et au dict messaiger VI . . . . . . . . . . . . . . . . . . . . . . . . . . . . . . . . . . . . . . . . . . . . . . . . . . XXX$^l$.

— A Franchois Boulongne pour divers portz de lettres et a ung messaiger ayant rapporté advertence de l'entrée de leurs Altezes sérénissimes en Cambray, le XXI febv. 1600 . . . . . . . . . . . . . . . XX$^s$.

— A Nicolas Dusaulchoit pour deux iournées qu'il a vacqué a cheval d'avoir porté lettre a Son Excellence pour l'avertir du iour de la ioyeuse entrée des dictes Altezes, le XVII febv. 1600 . . . . . . . . . . . . . . . . . . . . . . . . . . . . . . . . . . . . . . . . . . . XII$^l$.

— A Pierre Pennequin, porteur au sacq, pour avoir esté a Tournay faire venir les ioueurs d'instrument des haultbois (1) pour la dicte ioyeuse entrée . . . . . . . . . . . . . . . . . . . . . . . . . . . . IV$^l$

Charles de Guistelle, seigneur de Proeuene, et le Conseiller Richardot, depuis Président du conseil privé, pour faire une enquête. On leur adjoignit le Comte de Lallaing, auparavant Gouverneur de la ville. Quand ils furent arrivés à Valenciennes, le Conseiller Richardot prononça diverses harangues sur le marché et les autres places publiques. Ses paroles produisirent un excellent effet sur la foule qui consentit à mettre bas les armes.

Vers le même temps eut lieu le sac de Malines, ordonné par Don Frédéric, fils d'Albe, et par Noircarmes. Les Espagnols n'epargnèrent ni hommes, ni femmes. Jean Richardot, membre du Grand Conseil et neveu de l'évêque d'Arras, informa le Conseil d'Etat que le sac de Malines avait été «si horrible » qu'à la povre et infortunée mère ne restoit ung seul morceau de pain, ni » le moyen de l'avoir pour mettre en la bouche de son misérable enfant qui, » pleurant et gémissant, périssait de faim devant ses yeulx, tant avait été » cruelle et enragée l'avarice de ceux qui les pilloient. » — Lettre de J. Richardot, Gachard: Rapport au Ministre de l'intérieur sur les Archiv. de Lille, 234.

La réaction catholique ne marchait pas seulement à la conquête des consciences, par la voix des prédicateurs, mais encore à celle des intelligences en créant des Universités. Celle de Douai, fondée par Philippe II pour opposer une digue à la réforme, fut inaugurée solennellement le 15 oct. 1562. François Richardot, chargé du cours de théologie, prononça deux harangues le jour même de l'inauguration.

(1) *Les joueurs d'instrument des haultbois.* Nous lisons plus loin que « huit personnes, joueurs de hautbois, furent mandez de la ville de » Tournay, pour y jouer à la Ioyeuse entrée. » A la suite des troubles de 1567, la musique n'était officiellement représentée à Valenciennes que par les *museux* et par le *salut de saint Pierre.*

Un riche bourgeois de Valenciennes, connu sous le nom de Jacquemart Le *Vayrier,* dit *l'Arbre d'Or,* à cause de l'enseigne de sa maison, située sur la grand'place, en face de la chapelle Saint-Pierre, fit, par son testament daté de 1519, d'après Sim. Leboucq, des legs charitables à la cité. On lui doit en outre une singulière fondation. Il avait affecté de son vivant le revenu de 67 mencaudées de terre (14 hect. environ) à quatre musiciens joueurs de hautbois « qui jouent tous les jours en un balcon, qui est au Beffroi. » surtout chaque jour de marché, de onze heures à midi. En outre ils étaient chargés de sonner la cloche du Beffroi, quand le Prévôt arrivait à la maison

— A Jean Durieux pour avoir esté au dict Tournay a la mesme cause......................................... VI livres.

— A Franchois de Boulongne, eschevin, pour le rembourser de l'achapt de trente-quatre aulnes de damas rouge cramoisy, au pris de noef livres deux sols l'aulne, achaptés pour faire le balda-quin ou pal (1) qui se doibt porter au-dessus de leurs Altezes a leurs dictes ioyeuses entrées.................... III$^c$ IX$^l$ VIII$^s$.

— A Daniel Le Franc pour une aulne de velour verd au pris de XVII$^l$ et un quartier de taffeta verd a XVIII$^s$ revenant ensemble, qu'at esté employet au dicts chappeaux de triomphe,

échevinale, pour annoncer aux bourgeois l'ouverture des audiences. Il y a quelques années, la cloche municipale annonçait encore à la population les réunions du Conseil.

Plus tard on appela ces quatre musiciens *museux*. « Ce nom, suivant Hé-
» cart, leur venait du son de leur instrument, soit que le peuple comparât le
» son du hautbois à celui de la *musette*, soit qu'il fit dériver cette appellation
» du verbe *muser*, qui dans notre patois veut dire *chantonner à bouche*
» *fermée* en imitant le basson. Quoiqu'il en soit, nos quatre musiciens étaient
» appelés museux, et la terre dont ils percevaient le produit, *terre des mu-*
» *seux*. » — E. Grar. Rev. agr. ind. et litt., T. XI, page 160. — Ces museux
allaient jouer la veille du premier jour de l'an et de la fête des Rois à la
porte de tous les membres du Magistrat de Valenciennes. Ils recevaient pour
cela quatre cannes (brocs) de vin. La fondation des museux a duré jusqu'à
l'an VII de la République. Un agent du fisc étranger à la ville ordonna la
vente de la *terre des museux*. Quant au fondateur, il était mort au mois d'octobre 1522. Echevin de la cité et parent par alliance de Grég. d'Oultreman,
l'aïeul de notre historien, Jacquemart Vairier avait épousé Catherine de
Gorges, dont la famiille compte encore des représentants dans le pays.

En face de la maison de l'*Arbre d'Or* se trouvait la chapelle du Magistrat,
sous l'invocation de saint Pierre. Elle était contiguë à la maison échevinalle,
Tous les jours, on y chantait à quatre heures du soir un salut dit *Salut de
Saint-Pierre*. On croit que cet usage remontait à la fin du XV$^e$ siècle. « Des
» voix de basse-taille, de haute-contre, de tenor et de dessus se faisaient
» entendre accompagnées de tous les instruments à cordes et à vent qui
» forment un grand orchestre. Chaque musicien assistant recevait un jeton de
» présence; il en touchait la valeur représentative à la fin de chaque mois. »
—Préc. sur Valenciennes, Hécart, pag. 99.—Ce jeton ou *Plommet* était formé
d'un alliage de cuivre et d'étain.

L'institution du Salut de Saint-Pierre a disparu à la grande révolution. ·

Si les museux, d'après les documents inédits que nous publions, parurent
insuffisants au Magistrat, dont les préoccupations artistiques étaient bien
faibles à cette époque, il en fut de même des ressources qu'offrait le *Salut
de Saint-Pierre*, puisqu'on dût aller chercher des exécutants à Anvers, à
Lille, au Quesnoy et à Cambrai.

*N. B.* Dans un tableau du Louvre qui représente les noces du Duc de
Joyeuse, les personnages dansent sur un pavé de marbre, et l'orchestre est
composé de *trois haulbois* et d'une cornemuse.

Toute la musique de Louis XIV se composait de *24 violons*. Il faut ajouter
que Lulli en faisait partie.

(1) *Pal* pour *poêle*, du lat. petalum, lame d'or qui couvrait la tête du pape,
d'où le sens de *voile* que l'on tient sur la tête des mariés au moment de la
bénédiction nuptiale. Le sens de *dais* est postérieur.

qui ont esté attachez avec les armoyries de la dicte ville sur le téàtre erigé a l'entrée de leurs Altezes sérénissimes pour y prêter le serment de fidélité.................. XXXV¹ VVIII⁸.

— Pour l'estoffe d'une paire de manche de thoilette (1) d'or pour estre employé en armoyrie de ceste ville faicte de broderie (2).............................................. XXXII¹.

— Pour deux onches deux quars de soye noire au pris de CII⁸, trois *pipes d'or* (3) XVI¹ X⁸, et aultre pipe d'or employé pour faire les escuchons et chappeaux de triomphe et mettre a la tapisserie du teàtre sur lequel fut presté le serment de fidélité............................................ XXVII¹ II⁸.

— A Charles Tordreau et consorts cousturier pour la fachon de noef enseignes par eulx cousues de couleurs de leurs Altezes sérénissimes a LX¹ chacune............................. V꜀ XL¹.

— A Nicoles Willaudt pour deux cent quatre vingt deux aulnes et un quartier de taffetas, de trois couleurs rouge, blanc et bleu a LXXVII⁸ l'aulne............................ IX꜀ XLV¹ X⁸ VI^d.

(1) *Thoilette (d'or)*, diminutif de toile, ne désigne pas spécialement la batiste, mais en général toutes les étoffes fines, dont la fabrication était trésimportante à Valenciennes, avant 1789.

(2) *Une paire de manche*, destinée au *franquevie*. Il y avait au moyen âge des hérauts d'armes chargés de régler les cérémonies guerrieres, de publier les fêtes, tournois, réjouissances, mariages et entrées solennelles des Princes, etc. Chacun d'eux portait un nom spécial, « inhérent à la charge » et qui se transmettait avec elle. — En France il s'appelait Montjoye, Her- » mine en Bretagne, Sicile en Aragon, Ostrevent dans le Hainaut. A Valen- » ciennes, il s'honorait du titre de *franquevie*, corruption évidente de ces » mots consacrés par le Génie de Froissart, et dont nous nous glorifions » encore par tradition : *Franke Ville.* » — Cellier, Mém. hist. de l'arr. de Valenciennes, T. III, pag. 137. — Ces hérauts d'armes avaient en outre, dit d'Oultreman, la charge de «connaître des armoiries et noblesse, et blasonner » les écus de ceux que les Rois et les Princes anoblissaient..... Ils portaient » à l'epaule gauche un écu émaillé d'armoiries de leur maître et la robe de » leur livrée; mais aux jours solennels, les hérauts portent une cotte » d'armes armoriée des armes du seigneur. » Le franquevie portait dans les cérémonies une cotte d'armes en velours rouge, avec un lion brodé, symbole des armes de la ville.

(3) Pipe d'or. Il s'agit ici de fils d'or disposés d'une certaine façon, peutêtre en écheveau. Nous trouvons dans un *tarif des droits de douanes, à l'entrée et à la sortie des provinces des Pays-Bas, au XVI꜀ siècle :*

|  | Marchandise entrante. | Marchandise sortante. |
|---|---|---|
| Cordes, la bouge.................. | II sols. | II sols. |
| Cordes, *la pipe*.................... | XII — | XII — |
| Pelleterie, *la pipe*, en grandeur.... | IIII livres. | |

Arch. du N., T. XVI. pag. 248.

Pour mettre au bâton de l'enseigne Pierre Lefranc, une aulne de canevas XVI[s], et pour sept aulnes de thoille violet au pris de XII patars l'aulne, VIII[l] VIII[s], ensemble.... IX[c] LIV[l] XIV[s] VI[d].

— A Pierre Lemay pour houppes qu'il a livret aux dictes enseignes, rouge, jaune et blanc........................ XIX[l].

— A Pierre Lemay, pour huit aulnes de taffetas accordé blanc a LVIII[s] l'aulne.............................. XXVII[l] IV[s].

— A Philippe de Labye, armoyeur (1) pour avoir doré la clef (2) qu'on doibt présenter aux dictes Altezes................ LX[s].

— Par ordonnance du Conseil particulier (3) tenu le XVI janv., Ier jour de febv., et penultième febv. 1600 a esté ordonné de faire robbe (4) pour chacun du Magistrat et pour avancher de payer a sçavoir pour le prévot II[c] [l]............................ II[c] [l].

Au lieutenant aussy............................ II[c] [l].

Et aux aultres eschevins, a chacun C[l], en nombre d'onze XI[c] [l]............................ XI[c] [l].

— A maistre Robert Roze, Daniel Lestrelin, maistre Jacques Bruneau, conseillers et greffier, pour eux tous.......... III[c] [l].

Et a Roze le Jeune C[l], a Pierre Druet, greffier d'en bas, C[l], en-

(1) *Armoyeur* et *armoyeux* signifie *armurier* et aussi peintre d'armoiries.

(2) Cette clef est au musée de Valenciennes. Elle fut redorée en 1648 par les soins de Simon Leboucq.

(3) *Conseil particulier*. Dans les institutions municipales qu'elle avait au moyen-âge, Valenciennes était la seule ville de la Belgique qui présentât des analogies incontestables avec les Républiques italiennes. « Le Magistrat de » Valenciennes, dit Guichardin, consiste en un Prévot et douze échevins..... » et à ce Magistrat est adjousté un aultre qu'on appelle *Conseil particulier*, » qui est composé de vingt-cinq aultres citoyens..... lesquels traitent des » affaires de la ville. » — Descr. des Pays-Bas, pag. 433. — Les fonctions de ce conseil particulier consistaient donc à venir en aide au Magistrat, dans l'administration de la cité. « Ce conseil fut institué, dit d'Oultreman, comme » il semble, l'an 1487. Auparavant il n'y avait que le *Grand Conseil* ou *gé-* » *néral*, de deux cents membres, représentant toute la communauté de la » ville..... Il ne s'y traite rien de la Iustice, cela étant réservé au Magistrat, » par l'autorité duquel ce conseil est assemblé. » — Pag. 357. — Ce grand Conseil ne peut-il pas être assimilé à celui qu'en Italie on désignait sous le nom de Sénat, de grand Conseil, de Conseil du peuple ?

(4) Il était d'usage d'offrir aux échevins une *robe d'honneur* le jour de leur entrée en charge. Ce présent était renouvelé en certaines circonstances solennelles, telles que l'entrée d'un souverain, une fête publique, etc... Cette coutume ne fut guère plus observée après la joyeuse entrée des Archiducs Albert et Isabelle. Les échevins rougirent sans doute de se faire ainsi vêtir aux dépens de leurs concitoyens. — Voir Cellier, même hist. sur l'arr. de Valenc., T. III, pag. 109.

semble.................................................... II<sup>m l</sup>.

— A Anthoine Annaat et Jean Lestrelin, sergens à verges, que leur at esté donné par le Conseil particulier tenu le noef de febv. pour advancement de robbe........................... LXXX<sup>l</sup>.

— Aux quatorze sergens bàtonniers (1) selon la résolution du Conseil particulier tenu le 1<sup>er</sup> febv. 1600, a chacun XII<sup>l</sup>, tant moins à faire casaquin des couleurs de leurs Archiducs..... CLXVIII<sup>l</sup>.

— A Franchois Le Saige sur remonstrance a lui faite qu'il avait fait venir cent quarante trois aulnes *d'armoisins de Naples* (2), venant d'Anvers, pour faire robbe à Messieurs du Magistrat, mais depuis il y aurait eu chambgement et conclusion de faire robbe de noir satin, pour son intérrèt de l'avoir aussi faict venir a son péril et hazard de rien gaigner luy at esté accordé par ordonnance du XXI avr. 1600......................... XL<sup>l</sup>.

— A Joseph Pierquin, Pierre Reguart et a leurs serviteurs escrigniers (3) ayans ouvré a l'arc de Lormerie (4), leur at esté donne a marchié............................. IX<sup>l</sup>.

(1) *Sergens bâtonniers.* Le Magistrat avait à sa disposition quatorze fonctionnaires subalternes nommés *sergeans bâtonniers* qui jadis, dit d'Oultreman, étaient vètus de « rouge et or, couleurs de la ville, » et portaient un petit bàton en bronze, long de 0<sup>m</sup>19, y compris le petit lion rampant qui le surmonte et soutient de ses pattes un écusson sur lequel est la figure d'un cygne gravé au pointillé. A la partie inférieure se trouvait un anneau dans lequel passait une lanière destinée à assujettir le bâton au poignet du sergent. Ils relevaient directement du Magistrat qui les nommait à son gre le jour du renouvellement de la loi. Ces Officiers de Justice avaient pour fonctions de faire les *ajournements de loy*, en personne, de lever les amendes, d'emprisonner les malfaiteurs de la ville et de la banlieue. Ils étaient plus spécialement attachés à la justice criminelle et devaient prêter leur concours aux exécutions. Ils avaient aussi pour mission de se tenir en robe aux portes de la chambre de justice, de les ouvrir et d'y rester tout le temps de l'assemblée.

Il faut distinguer les *sergeans bâtonniers* des *sergeans à verges*, ou *sergeans de la Paix*. Ceux-ci au nombre de trois étaient attachés à la personne des Conseillers pensionnaires. On les nommait à *verges*, parce qu'ils portaient une *verge blanche, longue et droite*, pour indiquer, dit un chroniqueur, que « la Justice doit estre nette, droicte et aucune fois meslée de miséricorde. »

(2) Sorte de taffetas en soie, léger et peu lustré.

(3) *Escrinier* ou *écrénier*, menuisier. « C'est une chose incontestable que » des ouvrages corroyés et assemblés à mortaises carrées, plintes et arra- » semens sont choses dépendant du stil des *escriniers*, à l'exclusion des ca- » rioteurs (tourneurs). » — *Procès entre les menuisiers et les carioteurs.* Dict. Rouchi-Fr. d'Hécart. — Du latin scrinium d'où écrin.

(4) *L'Ormerie.* La rue de l'Ormerie, c'est-à-dire des lormiers, fabricants d'éperons, selles, etc..., s'étendait de la place du grand Marchiet à la place Saint-Géry.

— A Jean Regnart et Joseph-Joseph, escrignier, pour les ouvrages par eux faicts de leur stil a l'entrée de leurs Altezes en ceste ville, au dehors de leur marchié suivant l'accord faict avec eulx par les commis aux ouvraiges d'icelle entrée.   LXXXX[l].

— A Joseph-Joseph pour avoir faict de son stil d'escrignier le théattre de la Salle-le-Comte (1) sur lequel leurs Altezes ont faict le serment, par et suivant l'accord fait avec les commis aux ouvraiges et le susdit Conseil du XIV mars 1600....... LXXX[l].

— Anthoine Rombaut, escrignier, pour récompence des pertes et dhomaiges qu'il a heut et portet, tant d'avoir faict dresser l'arche triomphale près le beffroy (2) que la fontaine sur le Marchiet, par dessus son marchiet, au compte des ouvraiges de la ville ............................................... IV[c] XXX[l].

(1) *Salle-le-Comte*. Baudouin IV, comte de Hainaut et Valenciennes, susnommé l'Edifieur, fit bâtir ou agrandir les châteaux ou forteresses de Mons, Bouchain, Le Quesnoy, Raismes, etc... Comme il se trouvait à l'étroit dans le château de Valenciennes, il acheta un emplacement aux religieux de Saint-Saulve, et y construisit, en 1169, un palais connu sous le nom de Salle-le-Comte. En 1649, le Roi d'Espagne fit démolir ce palais et vendre, au profit de la ville, les terrains où la rue Salle-le-Comte est percée. En suivant la rue de l'Ormerie, on trouvait donc la place Saint-Géry, la rue devant le portail de Saint-Géry, la rue des tanneurs jusqu'au cul-de-sac-d'en-bas-l'eau, enfin la rue Salle-le-Comte.

(2) *Beffroy*. « Le Beffroi, dit M. Aug. Dubois, vigilant gardien de nos
» libertés, c'était la tour du peuple élevée contre le donjon féodal; il aurait
» pu ajouter et le clocher des églises'. Il appelait aux combats, avertissait
» des périls; il s'élevait audacieux, comme la liberté, du sein de nos mu-
» railles... Depuis longtemps, le souffle de la tempête a dispersé jusqu'aux
» débris du donjon féodal: le beffroi, symbole de nos libertés communales, a
» seul traversé les âges... Aujourd'hui, il sonne encore l'alarme, l'incendie:
» il appelle à la déliberation le Conseil de la commune; car Valenciennes est
» du petit nombre de ces villes du nord où s'est conservé cet antique
» usage. » — Essai sur l'hist. municip. de Valenc., 1841.

Les cloches du beffroi appelaient encore le peuple au vote et aux armes, l'ouvrier au travail, toute la cité au repos, quand avait sonné l'heure du couvre-feu. Un ban politique inédit nous apprend en quels termes la circulation sans lumière, à travers les rues de la ville, était défendue, quand la cloche avait donné le signal :

*De non aller le soir sans lumière, après la cloche sonnée, publié*
*le 10 mai 1575.*

« Nous vous disons et faisons assavoir que MM. du Magistrat sont advertis que, nonobstant les ordonnances et bans cy devant faicts, plusieurs des bourgeois et mannans de ceste ville, se trouvent journellement par les rues hors heures et après la cloche du soir sonnée, sans avoir lumière, dont se peuvent ensuir grants inconvéniens et pour à quoy remédier et pourveoir, l'on faict deffenses à tous les dits bourgeois et mannans que de ce jour en avant, nulz d'iceulx ne se trouvent plus sur les dites rues après la dite cloche du jour sonnée, sans avoir lumière descouverte: faisant aussy

— Au dict pour une thonne et demie de bière accordé a ses ouvriers par ordonnance du conseil...................... XIII^p.

— Pour sallaire d'avoir mis *sus* la dicte fontaine, par la dicte ordonnance.................................... XII^p.

— A Jean Dumon pour avoir livret ung thonneau pour apposer a la fontaine sur le Marchiet....................... C.

— A Jean Delebec Cambier (1) ayant livret en prest une cuve de sa brasserie, pour faire un grenier d'eawe, servant au canal de la dicte fontaine. et d'autant qu'il a convenu desmettre (2) et dresser les bendes d'icelle cuve, comme du depuis les remettre et rasseoir pour le transport quil en at esté faict, lui at esté paiet.............................................. XXI^p.

A Jacques Masdal, escrignier, tant moins (en déduction) a ce que la ville a donné aux tasneurs en l'advanchement du theattre et représentation par eulx faict a la dicte Ioyeuse entrée de leurs Altezes sérénissimes...................... XVI^p.

commandement que chacun se tiégnent paisible, sans prendre querelle ni débat contre les gens de guerre y tenans garnison, et ce a peine de XV sols blancs de loix ou d'estre aultrement chasties et pugnys a l'arbittraige de Justice, et s'est aussy dict par jugement a la demande de noble homme Claude de la Hamaide, seigneur de Verchin, Prevost-le-Comte. »

Le Beffroi de Valenciennes construit en 1237, sous le regne de Jeanne, Comtesse de Flandre, fille de Baudouin IX. Empereur de Constantinople, restauré en 1782, sous la Prévôté d'Alex. de Pujol, s'est ecroule le 17 avril 1843.

(1) *Cambier* ou *Cambyier*, brasseur. d'où cambage (*droit de* que Simon Leboucq écrit gambage, impôt sur la bière leve au nom du Roi. — A Valenciennes ce droit etait perçu par l'Abbé de Hasnon.

« D'abondant c'est-a-dire entierement. sans conteste, rechoipt. dit S. Le-
» boucq. le gambage sur toutes brasseries et a chaque brassin de celles
» erigées en la dicte paroische de Notre-Dame-la-Grande. et de toutes les
» aultres erigées hors d'icelle paroische. Ce droit appartient au Roi. »—*Hist. eccles.. chap.* VIII.

D'apres le Dict. de Ducange, Camba signifie une brasserie, *brassitorum officina*, et Cambagium le droit perçu pour la fabrication de la biere, *tributum quod dominis exsolvebant subditi pro coquenda cervisia*.

Camba vient evidemment du lat. camum, i, sorte de biere. breuvage. Ce mot se trouve dans Ulpien : « Si quis vinum legaverit. omne continetur
» quod ex vinea natum vinum permansit... certe Zythum (boisson fermentée
» faite d'orge et de houblon, quod in quibusdam provinciis ex tritico, vel ex
» hordeo, vel ex pane conficitur, non continebitur. Simili modo nec
» *Camum*. nec cervesia continebitur. nec hydromeli. » — *Loi 9 du Tit. 6^e, Liv. XXIII du Digeste*.

(2) *Desmettre*, c'est-a-dire tirer dehors, demonter.

4

— A Maistre Guillaume De Vos (1), painctre de la résidense d'Anvers, pour les painctures par lui faites en ceste ville a la Ioyeuse entrée des dictes Altezes, tant pour les arches triomphaux que toutes autres painctures extraordinaires.......... . IIIᵐ VIIIᶫ·

— A Charles le Mesureur et Rodolphe Score, serviteurs du dict maistre Guillaume de Vos, pour le vin donné a iceux par Messieurs pour leur diligence....................... XXIVᶫ.

— A Adelbert Anssel pour cent seize termes (2) par lui faicts a la Ioyeuse entrée de leurs dictes Altezes, au pris de XV patars le terme..................... CLXXXIVᶫ.

— A Martin Mairesse, serviteur a MM. de la Iustice pour ses paines et récompances d'avoir porté du bois en plusieurs places pour seicher les painctures pour l'aornement des portes... LXˢ.

—Au dict Martin Mairesse pour plusieurs vaccations extraordinaires par lui faictes durant les préparations pour l'entrée Ioyeuse des Altezes............................. LXˢ.

(1) *Guillaume de Vos.* On trouve trois de Vos dans la liste des doyens les plus renommés de la corporation de Saint-Luc (*Patron des peintres*) d'Anvers. Tous trois sont cites parmi les plus illustres. En 1526, Pierre de Voss; en 1600, Guillaume de Voss; en 1619, Corneille de Voss. Une notice sur le musée d'Anvers s'exprime ainsi : « Avant eux (*Rubens et Van Dyck*), il n'y » a que des précurseurs, comme les Floris, les Otto Venius, les Van » Balen, les *de Voss*, les Franck, qui cependant sont *des peintres d'un im-* » *mense talent*, etc.

Le musée eu Louvre ne possède aucun tableau de Willem de Voss. Cependant le livret de 1860, à l'article Martin de Voss, né à Anvers en 1524, s'exprime ainsi : « Son père, hollandais d'origine et qui portait le nom de » Pieter, vint à Anvers et fut reçu Franc Maître de Saint-Luc en 1519. Il » enseigna les premiers éléments de l'art au jeune Martin qui etudia ensuite » chez Franz Floris et se perfectionna plus tard à Venise, à l'atelier du Tin- » toret, dont il devint l'ami. »

« De retour à Anvers, il entra, en 1558, dans la confrérie de Saint-Luc, en » qualité de fils de Maître, et devint doyen de la corporation en 1572. »

Martin de Voss avait épousé Jeanne Leboucq, fille de Pierre Leboucq et de Marie Herlin, sœur de Michel. Il en eut un fils connu dans la confrérie sous le nom de *Martin de Voss le jeune*, et reçu comme fils de maître en 1607.

Un frère de Martin nommé Peter, et dont on ignore la biographie, eut aussi un fils *Willem de Vos* qui cultiva la peinture.

La date de 1600 nous laisse croire que Guillaume de Vos, dont il s'agit dans le compte de Jehan Vivier, est le fils de Peter et le neveu de Martin, et qu'il est bien celui qui fut Doyen de la confrérie de Saint-Luc en 1600, dignité toujours conférée aux plus illustres.

(2) *Termes,* sorte de jalons ou poteaux à la partie supérieure desquelles se trouvaient des figures peintes. Voir le « triumphe d'Anvers faict pour les nobles fêtes de la Thoyson d'or, tenus par le très-hault et très-puissant Prince Phil., Roi d'Espagne, de France et d'Angleterre, 1595, par *Jacques Le Boucq.* »

Jacques Le Boucq, historiographe de Charles-Quint et de Philippe II, fut créé héraut d'armes de la Toison d'or. Il est mort à Valenciennes le 2 mai 1573.

— A Gérard Hennin pour a l'ordonnance de MM. du Magistrat de ceste ville avoir publié par tous les carfours un edict et advertance a tous josnes hommes non encore enrôlés, d'eulx trouver à la maison eschevinalle, afin de marchier avec les aultres au devant des Archiducs..................................... LXˢ.

— A Nicolas Tasnière pour les parties de thoiles qu'il a livrez pour employer aux painctures de deux arches triomphaux, aux tableaux de figure, escripture, arcure des grandes portes (*mot illisible*), clocture de temple représentant l'arcq de lormerie, la couverture du dict temple et pareillement de la lanterne, ensemble les costés des dictes arcqs et aultres pièces y servant, apparent par billet et certification de Charles Clawet.

IVᶜ LXXXIIᴸ Iˢ.

— A la femme Anthoine Henry pour semblables parties de thoiles qu'elle a livrez a l'effect que dessus, par certification du dict Clawet,................................. CXXXIXᴸ Xˢ.

— A Franchois Lasne, sergent battonnier de ceste ville, pour avoir aydié les carpentiers a mettre plusieurs pièces de painctures en la chambre du iugement....................... LXˢ.

— A Cornelis Vandenhouen pour quattre cents fuzées qu'il a faictz a la ioyeuse entrée de leurs Altezes en ceste ville..    LXᴸ.

— A luy pour ses paines extraordinaires................. Xᴸ.

— A iceluy encore qui a faict des feux artificiels a la ioyeuse entrée de leurs Altezes, pour un don gratuit par dessus ses sallaires.... ..................................................... Xᴸ.

— A Pierre Moutarde pour avoir livré au dict Cornelis six mains de papier Lombart pour faire fuzées à l'entrée des Altezes, à XXˢ la main....................................................... VIᴸ.

— A Jean Jamart, armoyeur, pour un morilon (1) a l'espaignole par luy livret a celuy qui a faict les dictes fuzées et feux artificiels........................................ LXˢ.

— A Nicolas Legrand pour trois bourses *lassiées* (2) d'or et de

(1) *Morilon* pour Morion, ancienne armure de tête plus légère que le casque, destinée sans doute à protéger l'artificier contre les accidents.
(2) *Lassiées*, tressées et mieux tricotées, du mot Roman las (*laqueus*),

soye, IX$^l$; pour un quartier et demi de thoile d'Italie, et un quartier et demi d'armoisin XIX$^l$ X$^s$; et pour la fachon, cordons, boutons, bordures de la bourse X$^l$. Ensemble........  XXXVIII$^l$ X$^s$.

— Aux lacquaix de leurs Altezes pour dons gratuits a eulx faicts le XI febv. 1600...................... CLX$^l$.

— Au tapissier-major de leurs Altezes at esté donné la somme de quattre cent livres et au fourrier deux cent livres pour la redemption du theattre (1) sur lequel les dictes Altezes ont presté le serment de ceste ville........................... VIC$^l$.

— Aux archiers de leurs Altezes pour dons gratuits.... CLX$^l$.

— Pour la despence des dits fourriers et archiers a l'hotesse du Chine cygne (2) le XIX febv. 1600................... XVI$^l$ X$^s$.

— Aux heraulx d'armes de leurs Altezes les aiant accompaignez a leur dicte ioyeuse entrée. LXXX florins, et au roy des dicts heraulx pareille somme de LXXX florins, faisant ensemble CLX florins, en monnaie tournoise...................... III$^c$ XX$^l$.

— Aux huissiers de leurs Altezes, a eux donnés en dons gratuits, par billet du XXI febv. 1600.................... CLX$^l$.

— Aux hallebardiers de leurs Altezes, a eulx donnés en dons gratuits, le XXI febv. 1600..................... X$^m$ VI$^c$ $^l$.

— Aux Altezes noz Princes souverains, pour dons faicts par ceste ville, selon la résolution du Conseil XVIII febv. 1600. la somme de milz réalz d'or en espèces, à X$^l$ XII$^s$ la pièche, porte. X$^m$ VIC$^l$.

— A Monsieur le Président Richardeau. oultre la couppe a luy autrefois présentée, suyvant conseil du XV febv. 1600...... M$^l$.

—A Jacques Craneau (3) pour par luy avoir faict les armories de

d'où lassière ou lacière espéce de filet , lacet, lacs.
    « Rongemaille le rat eut à bon droit ce nom
    » Coupe les nœuds du lacs..... » — LAFONT.

1 *Rédemption du theâtre.* Rachat du theâtre. Ce rachat etait consideré comme obligatoire par les villes où les Archiducs faisaient joyeuse entrée.

2 *Hôtel du Cygne.* situé sur la place du grand marché ou place d'armes. à l'endroit où se trouve aujourd'hui le Cercle du Commerce.

3 *Jacques Craneau* devait être à cette epoque un orfevre en renom. Ses œuvres aujourd'hui perdues pouvaient le disputer a celles de Jérôme Moyenneville. Les principales villes du Brabant. du Hainaut et des Flandres. eurent leur corporation d'orfevres riche et puissante. L'elan leur fut donné par les Ducs de Bourgogne: l'intelligente vanité des Bourgeois fit le reste. D'ailleurs on ne doit pas s'etonner que Valenciennes ait fait graver ses *armories* sur la *couppe* et *tasse* destinée aux Archiducs: car alors tout etait

la ville sur la dicte tasse et couppe at esté payet.......... IV<sup>l</sup>.

— A Monsieur de Moriansart en don gratuit......... VIII<sup>c l</sup>.

— A la Chambrière-Major, pour don selon la résolution du Conseil.................................... VIII<sup>c l</sup>.

— A la Comtesse de Sievra, ottelz (1)............. VIII <sup>c l</sup>.

*armoyé* et blasonné, jusqu'aux jupes des femmes, jusqu'aux pourpoints des hommes.

La fondation de la communauté des orfèvres à Valenciennes date de 1655. Elle comptait douze maîtres, et avait sa juridiction à Lille, ses dépendances à Condé (2 orf.), à Saint-Amand (1 orf.), au Quesnoy (3 orf.). La marque ou poinçon qu'elle avait adoptée était une *marguerite;* ses armes : d'azur, à un Saint-Eloi vêtu pontificalement, la mitre en tête, tenant de sa gauche une crosse posée en bande d'or et de sa dextre un marteau de même.

D'après les ordonnances royales, les généraux gardes des monnaies devaient visiter les œuvres d'orfèvrerie, en ayant soin de ne recevoir *maîtres-orfèvres* que des ouvriers honnètes et capables, qui auraient subi l'examen des gardes de la corporation, fait le chef-d'œuvre et prêté serment aux statuts du métier. Ces conditions remplies, on leur délivrait un brevet sur parchemin, revêtu du scel ordinaire du siège royal de Lille. Nous reproduisons un de ces brevets délivré à Valenciennes à Henry-Joseph Monseux, le 3 mars 1787.

« Le Général et Conseiller du Roy tenant le siège de la monnaie de France pour les provinces de Flandre, Artois, Hainaut et Cambresis, à tous ceux qui les présentes liront salut. Savoir faisons que sur la requête à nous présentée par Henry-Joseph Monseux, compagnon orfèvre de la ville de Valenciennes, tendante à ce qu'il nous plût le recevoir maître-orfèvre pour s'établir en cette ville, aiant fini son apprentissage, et fait son chef-d'œuvre en présence des jurés..... *nous mettons des points là où les mots sont effacés* dudit Valenciennes, consistant en un marabout d'argent; vu son extrait baptistaire..... du Procureur du Roy et tout considéré nous avons ordonné et ordonnons que ledit Henry-Joseph Monseux sera reçu maître-orfèvre pour s'établir en la ville de Valenciennes, s'il en est trouvé suffisamment capable, en prêtant par luy le serment ordinaire de garder et observer les édits, arrêts, ordonnances et règlements concernant l'orfèvrerie, de souffrir les visites des commissaires..... et les nôtres, à charge de donner caution de dix marcs d'argent, suivant l'ordonnance royale, et de graver ses noms, et insculper ses poinçons tant sur la table de cuivre reposant au greffe..... que sur celle de la chambre commune des orfèvres du dit Valenciennes. Et à l'instant le dit Henry-Joseph Monseux mandé en la chambre du Conseil a été interrogé sur l'alliage des matières d'or et d'argent, et, trouvé suffisant et capable, a prêté le serment et a été reçu, ses noms gravés, ses poinçons insculpés, et la caution par luy donnée acceptée. En foy de quoy nous avons à ces présentes fait mettre..... le scel ordinaire de ce siège royal de la monnaie de Lille, qui furent faictes et donnees le trois mars mil sept cent quatre vingt sept.

Par ordonnance.

GAMOT. »

Parchemin de 0<sup>m</sup>17 de largeur sur 0<sup>m</sup>24 de hauteur.

Nous devons la communication de ce document interessant au fils de Henry Monseux, M. J.-B. Monseux qui a longtemps exercé à Valenciennes l'honorable profession de son père. Nous saisissons avec plaisir l'occasion de lui en adresser nos affectueux remerciements.

(1. *Ottelz,* mot Rouchi qui veut dire : *de même.*

— A Las Beatas (1) des Altezes...................... V<sup>c</sup> l.

— A Jacques Le Boucq et Charles Biscoppe pour hipocras, marmelades, succades, vin, louaige d'estaing (étaim), nappes, serviettes, voirs, porter tables pour le bancquet des Altezes a la maison du maître des postes, le XIX febv. 1600 a leur réception.............................. LXXV<sup>l</sup> VI<sup>s</sup> I<sup>d</sup>.

— A Nicolas Duponchau en récompence des paines que sa femme a eut a recepvoir leurs Altezes en sa maison de louaige des dictes postes, lorsqu'elles descendirent pour faire leur Ioyeuse entrée.............................. VII<sup>l</sup>.

— A Grard Hénin pour avoir faict commandement à tous cabaretz de ne point assoir nulz bourgeois ny manants, tant que leurs Altezes sont dans la ville..... ..................... LX<sup>s</sup>.

— Au dict Hénin pour avec son du tambourin avoir esté partout les carefours afin de mectre tapisserie et tendre tables, allumer haches (2), fallotz et faire choses recréatifz à l'entrée de leurs Altezes par la ville.............................. XL<sup>s</sup>.

—A huit personnes joueurs (de haultbois) mandez de la ville de Tournay pour y jouer à la Ioyeuse entrée de leurs Altezes. CVIII<sup>l</sup>.

— Aux huit trompettes de leurs Altezes a eulx donné en don gratuit.............................. XXXVI<sup>l</sup>.

— Aux trompettes de l'Excellence Duc d'Arschot, pour avoir joué à la dicte Ioyeuse entrée.............................. X<sup>l</sup>.

— Aux trompettes de la ville d'Anvers, pour avoir aussy joué.............................. XXX<sup>l</sup>.

— Aux trompettes de la ville de Lille, pour ottelz..... XXX<sup>l</sup>.

— A maistre Boniface Huberty, pour par luy avoir comme maistre de chantre conduict la musique tant à la messe que aultrement.............................. XII<sup>l</sup>.

---

(1) *Las Beatas*. Les Archiducs Alb. et Isab. voyageaient à petites journées, faisant au plus quatre ou cinq lieues par jour. Il leur semblait que la dignité de la religion le voulait ainsi. Entendre la messe, assister aux offices, c'était une obligation dont ils ne croyaient pas pouvoir s'affranchir, même en voyage. Aussi Isabelle avait-elle toujours à sa suite une troupe de Béguines dites *las beatas*. On appelait ainsi en Espagne une classe de femmes moitié laïques et moitié religieuses.

(2) Sortes de torches de cire jaune.

— A Philippe Boully, Sebastien Decondet et Pierre Petit Du-
quesnoy, basse-contre (baryton) et teneurs (tenors), Michel Tourcoing. Beaugramins et a plusieurs compaignons, et Anthoine de
Quiévrain, clerc de Saint-Jean, contreteneur. Bartholomé Lenglet, Pierre Bourgeois et ung du Quesnoy et maistre Adrien
Deph......, haulte-contre de Cambray, tous en nombre de onze
personnes musiciens ayans aussi chantez la musique...    XXII¹.

— A Adrien Montegnie, maistre organiste et joueur d'instrument, demeurant au Quesnoy, pour avoir joué du corneteau (1)...................................    XXII¹.

— A Pierre Dechou, le josne et consorts, joueurs d'instrumens
estant la quatrième bande, pour avoir aussy joué a la dicte
Ioyeuse entrée des airs a la porte Saint-Géry............    VI¹.

— A Marc Hébin et consorts, pour avoir joué tant en la Salle-
le-Comte que à la venue de leurs Altezes, comme le lendemain a
la maison eschevinalle........................    XX¹.

— A Denis Tordreau, cabaretier, pour la despence qu'ont faicte
en sa maison les musiciens aiant assistez a l'entrée de leurs
Altezes ..................................    XVI¹.

— A Simon Scalart pour par luy avoir *battelé* (2), le jour et la
nuit et au lendemain durant la messe et venue de leurs Altezes  LXˢ.

---

(1) *Corneteau*, signifie en rouchi instrument de musique en corne, qu'on
prétendait être fort mélodieux. Il ressemblait assez à un petit cor de chasse.
Le corneteau était fort en usage à Valenciennes au XVII° siècle. Ce passage
des comptes de la ville permet d'affirmer qu'il l'était peu au XVI°.

(2) *Batteler* signifie ici frapper sur la cloche avec le battant. On *battelait*
pour appeler a un baptême ou pour annoncer, la veille, une fête solennelle.
C'était une espece de carillon. « On *batèle* aussi sur deux clochers. » — Héc.

Les chroniques locales de Lille rapportent qu'un dimanche, à l'heure où
l'on *batelait* (sonnait) la grand'messe, « ces *preneurs de mantes* » jeterent un
homme dans le puits de la rue du Bourdeau.
              (*Hist. de Lille, T. II, pag. 16. Derode*).

Aux XV° et XVI° siecles, *batteler* ou *basteler* signifiait aussi faire des tours
de force, d'escamotage. Ceux qui se livraient à ces exercices prenaient le
nom de *bateleurs*, parce que, outre les épées et les autres armes, ils se servaient du *basteau*.

Saumaise fait venir le mot *bateleur* de *batalare*, — d'où *batalores* — manier
les armes avec adresse et souplesse de corps. On trouve en effet dans la loy
des Bavaïriens, tit. III, ch. 10 :
              « Equum viriliter ascendere,
              » Arma sua velociter batalare. »

Le Duchat dérive bateleur de *bastellator*, formé de *bastellare*, qui lui-même
vient de *bastellus* ou *bastellum*, diminutif de *bastus* ou *bastum*, d'où l'aug-

— A Jean Lestrelin (1) pour avoir mis par escript le serment faict par les Altezes a leur entrée en ceste ville et avoir copié certaines attestations...................................... LX<sup>s</sup>.

— A Jean Hattut pour quatorze grandes tables, dont l'une at esté rompue, dix hestaux (2), dont deux ont esté perdus et trois rompus, quattre grandz bancqs, et employé en vaccations deux demi-journées......... ...................................... VIII<sup>l</sup>.

— A Pierre Blondeau aiant aussy livré pour le service des Altezes sept grandes tables, y comprins deux petites, treize hestaux dont l'un est perdu, cinq marchepied et trois escabelles ayant aussy esté occupé trois iournées et préparer et accommoder les tables ................................................. XVI<sup>l</sup>.

— A Ph. Boully pour avoir livré pour le dit service six tables, l'une d'icelles perdue, douze hestaux, dont trois rompus, douze bancqs, l'ung d'iceux perdus, at esté paye, comprins ses vaccations ................................................. XIV<sup>l</sup>.

— A Olivier Dingremot, Jacques Moncheau et Guillaume Monchau, broutteurs (3), pour avoir mené plusieurs voictures avec

mentatif *basto, bastonis* (bâton). En effet ceux qui font des tours de souplesse ou de passe-passe se servent assez ordinairement, avons nous dit, du *basteau*. Or le basteau n'était pas un gobelet, mais un petit bâton, une baguette magique. De là l'expression proverbiale : tour de bâton pour dire *profits illicites.*

En Flandre *batteler* signifiait encore faire le bouffon, le sot, pour amuser le peuple. Toutes les corporations avaient un valet, et, dans les corporations armées principalement, ce valet portait le nom de *fou* ou de *sot*. Dans les cérémonies publiques, les processions, quand la corporation marchait comme corporation, le *fou battelait*. A Douai, on voit encore dans le cortège de Gayant le *sot* des canonniers. A Bergues, le *fou* des archers, à Cambrai, le *sot-seuris* accompagnaient la procession et *battelaient.*

Ces *sots* ou *valets* des confréries avaient pour type le fou de Lille, dont M. Le Glay raconte ainsi l'origine :

« Philippe-le-Bon, Duc de Bourgogne, avait toujours un fou à sa suite. Les
» magistrats de Lille voulant faire leur cour à ce prince donnèrent le titre
» et les prérogatives de fou au valet de l'hôtel de ville. Peut-être un tel em-
» pressement des villes et des moindres villages pour des bouffons, est-il
» une imitation de l'usage établi dans toutes les cours du moyen-âge, d'a-
» voir de ces sortes de plaisans. »

Tous ces bouffons rappelaient par leur costume bariolé le personnage italien nommé arlequin.

1) *Jean Lestrelin* était un sergent à verge.

2 *Hestaux, hesteaux* ou *estaux* signifie tretaux. Ce mot appartient à la langue romane. *Etoquer* une table signifie l'appuyer.

3) *Broutteurs* pour *brouetteurs*. On nommait autrefois *brousteux* ou *brouteux* les ouvriers qui conduisaient la bière de la brasserie chez les particuliers. C'était une profession d'hommes jurés.

leurs charettes a bras, pour quarante trois voitures en quattre iours pour accommoder la court a la Salle-le-Comte et y mener et ramener les litz, couvertoirs, tapisseries, les tables, bancqz, brayeres, les thorses, *les estains* (1) pour les cuisines et aultres menus à l'advenant de V⁵ chacune voicture.... ...   XII¹ XVIII⁵.

— Aulx serviteurs Raphael Wyart pour avoir mené plusieurs voictures de fourraiges et aussy des garbes (2) pour les chevaux des Altezes..........................................   LX⁵.

— A Jehan Francqhomme, sergent des loix, pour plusieurs vaccations par luy faictes à la Ioyeuse entrée des dictes Altezes.............................................   LX.

—A Franchois de Courouble (Carouble) pour avoir livret, lorsque les Altesses ont esté en ceste ville, six licts, six quevets (3), six orliers et six couvertoirs ayant servi trois nuicts aux dames des dictes Altezes, a dix sols chacun, ung lict, chevet et orlier, aussy couvertoir, at esté paye y comprins XXII sols pour le dommaige d'un couvertoir..............................................   X¹.

— A la vefve Jean Pelerin pour aussy avoir livret vingt licts, vingt quevets, vingt paires de linchœulx (4) et vingt couvertoirs d'Espaigne, tous nouveaux faicts pour accommoder les gens des dictes Altezes à la Salle-le-Comte, a huict sols pour le louaige de chacun ung lict, XXIV¹, et pour XII paires de linchœulx à IV sols qui montent pour ces trois nuictes la somme de VII¹ IV⁵.

XXXI¹ IV⁵.

Suyvant le Conseil particulier de ceste ville, tenu le XV mars 1600, at esté paye aux maistres d'hostels de Messieurs de la Iustice (5) pour les frais faicts au traitement des Princes qui ont

(1) *Estains.* Vases et ustensiles d'étaim, d'où les cabarets de la Flandre ont peut-être pris le nom d'estaminet, parce qu'ils sont garnis de pots et d'ustensiles d'étaim.

(2) *Garbe*, gerbe, gerbée, botte de paille de blé, et jamais botte de foin, suivant Roquefort. Ici cependant il est pris dans cette acception

(3) *Quevets. quevet, kevet* ou *quevès*, chevet de lit.

(4) *Linchœuls. lincheux* ou *linceux*, autrefois draps de lit. On en a fait le français *linceuil*.

(5) *Maistres d'hôtel de Messieurs de la Iustice.* La domination des ducs de Bourgogne développa dans la Flandre et le Hainaut les habitudes de luxe et de bonne chère. Nous voyons même que les institutions locales se combinaient avec ces coutumes passées dans les mœurs. Les réunions de confrè-

accompaignez levrs Altezes à la Ioyeuse entrée, pour furnir aux mises (dépenses) des bancquets.......... VIIIᶜ XXXVIIIˡ XVIˢ.

— A Nicolas Canio, messaiger de pied, pour par luy avoir servy a la maison eschevinale de ceste ville au bancquet faict le XX de febv. 1600, a la Ioyeuse entrée......................... LXˢ.

— A Ph. Boully pour ses paines et services qu'il a faict le lendemain de l'entrée de leurs Altezes a la maison de la ville, là ou estaient plusieurs Princes et Seigneurs des dictes Altezes ...................................... LXˢ.

— A Joseph Thierry pour avoir servy messeignenrs deux iours lorsqu'ilz festoyerent les dicts Princes.................. LXˢ.

— A Pierre Lemaire pour avoir servy au dict bancquet.. LXˢ.

— A Jehan Francqhomme pour avoir servy comme dessus et aller quérir le vin............................... LXˢ.

—A Grard Hébin ayant aussy servy a table au dict bancquet. LXˢ.

---

ries, les dédicaces d'églises, le renouvellement du Magistrat, ne se passaient jamais sans un banquet. Aussi Messieurs de la Justice avaient-ils un maître d'hôtel particulier, chargé d'organiser les banquets donnés par le corps échevinal.

Quand la Maison d'Espagne succéda à la luxueuse Maison de Bourgogne, Charles-Quint, habitué à la sobriété espagnole, chercha à mettre un frein à ces ruineuses habitudes par un édit du 7 octobre 1531. « ..... Pour remède » aux désordonnées beuveries et yvrogneries qui se font en noz pais de par » deçà en divers cabarets, tavernes et logis!..... et en aultres lieux et dédi-» casses, festes et kerremesses..... nous avons statué et ordonné..... etc.... » Mais l'édit de Charles-Quint fut impuissant. Le pouvoir absolu ne suffit pas pour changer les mœurs d'un peuple.

Avec les troubles religieux le commerce et l'industrie passent à l'etranger : l'agriculture est négligée et le sol refuse ses produits. La misère va toujou.s croissant et cependant le peuple ne renonce pas à ses habitudes de bonne chère profondément enracinées. En 1579, le Magistrat de Valenciennes se voit même forcé de s'opposer, par un *ban politique*, à ces repas ruineux :

*Touchant les grands banquets et nopces.*

« On vous fait ascavoir que Messieurs de la Iustice de ceste ville, consi-» dérant la grande chierté des vivres et l'apparence de croistre encoires pour » la guerre et temps present et pour les grandes nopces et festins qui se » font de iour en iour au grand préjudice et dommaige tant de la Républi-» que que de ung chascun en particulier, pour a quoy remédier, mes dicts » seigneurs a la demande de noble hôme Claude de la Hamaide, Prevost-le-» Comte en ceste ville, ont interdict et défendu a chascun d'avoir en » nopces, services, festins et aultres bancquetz plus grand nombre que de » 25 paires de gens, sans en ce comprendre les sire et dame des nopces et » leur père et mere, et sans en ce commettre quelque fraude et abus, et » mettant les invités en divers lieux et places, sur paine contrevenant en » ce estre condempnez en l'amende de 33 livres blancs et 6 livres tournois » au rapporteur et à commencer mercredi prochain, et s'est dit par jugement » publié le 25 avril 1579. » — *Inédit, Arch. de la ville, bancs politiques.*

— A Martin Mairesse pour avoir nettoyé la Chambre de Saint-Georges (1) et préparé les choses nécessaires et avoir mis les tables pour le dict bancquet..................................... LX<sup>s</sup>.

— A luy pour avoir servy a table pour le bancquet a l'advenue de leurs Altezes..................................... LX<sup>s</sup>.

— A Jean Dannoit. messaiger a cheval, pour avoir servi au bancquet de l'entrée de leurs Altezes le XX de febv. 1600.. LX<sup>s</sup>.

— A Toussaint Martin pour avoir servy a la maison eschevinalle le XX febv. 1600 au dict bancquet.................. LX.

— A la servante de la maison eschevinalle en reconnoissance d'avoir netoye la dicte maison, lorsque les Altezes firent leur entrée..................................... LX<sup>s</sup>.

— A Foursy Pottier, sergeant bastonnier, pour par luy avoir servy aux dicts bancquetz..................................... LX<sup>s</sup>.

— A Bartholomez Lenglet pour par luy avoir servy au dict bancquet..................................... LX<sup>s</sup>.

— Aux hosteliers (2) de ceste ville pour depens fait les chevaux de la suyte de leurs Altezes, a leur venue en la ville de Vallenchiennes, le XIX jour du mois de febv. 1600, at esté paye comme appert par estat de la dicte despence, signe : Jacques Godin et Anthoine Piens, eschevins..................................... II<sup>m</sup> CV<sup>l</sup> XI<sup>s</sup>.

A sçavoir :

— A Pierre Sigant, hoste de Chine............ LXXXXIV<sup>l</sup> IV<sup>s</sup>.

— A l'hostesse de la Hure.................... LXXIV<sup>l</sup> XVI<sup>s</sup>.

— A l'hoste de Saint-Martin.................... CXIII<sup>l</sup> IX<sup>s</sup>.

— A l'hoste des Trois-Roix.................... CXIII<sup>l</sup> IV<sup>s</sup>.

— A l'hoste de la Couppe.................... LXIII<sup>l</sup> XVIII<sup>s</sup>,

---

(1) *Chambre Saint-Georges*. La salle Saint-Georges. la plus vaste de la maison échevinale, était située au-dessus de la *Halle*, nom que portait la salle du rez-de-chaussée. C'était dans cette dernière que se reunissait le Magistrat dit de la *Halle-basse*, pour régler les affaires de la corporation des drapiers.

La salle Saint-Georges servait aux grands repas que donnait la ville aux assemblées du Grand Conseil. En outre tous les membres du cortege officiel avaient coutume de s'y réunir. quand il devait assister aux ceremonies publiques.

2. A cette epoque. on logeait ordinairement les troupes chez les bourgeois, ou dans les *logis* ou *hôtelleries*. Il n'existait pas alors de caserne.

— A Philippe Desperies...................... LXXIV$^l$ VIII$^s$.

— A l'hoste de Le Clef.................... IVCLXXVIII$^s$ XVI$^s$.

— A l'hoste de l'Escu de Bourgongne..... IICLXXXXIII$^l$ IV$^s$.

— A l'hoste de Saint-Hubert...................... XXXVI$^l$.

— A l'hoste de Saint-Anthoine.................... CLXII$^l$.

— A l'hoste de l'Angelo......................... LVII$^l$ XII$^s$.

— A Alexandre Pepelie pour avene achapte pour les chevaux,
écuries de leurs Altezes..................... IICXXVIII$^l$ XVI$^s$.


## § II.


— A Samson Lemblin et Anthoine Le Maire, pour IICXXV garbes, a XX$^l$ le cent......... ......................... XLV$^l$.

Et noef fais (faix) de foing a VIII$^l$........... ....... LXXII$^l$.

— A Jean Brunaing pour trois fais................. XXIV$^l$.

Et a l'hoste de la Teste d'Or pour bois qu'il a livret aux gens
de l'admiral d'Arraghon............................. XX$^l$.

Ensemble toutes ces parties a la somme de..... II$^m$ CV$^l$ XII$^s$.

— A Jacob le josne, voicturier de ceste ville, pour avoir mené
cinq pièces de vin données a auleuns seigneurs a l'entrée de
de leurs Altezes....... ...................... XVII$^l$ X$^s$.

— A victor Lejuste pour quattre pieces de vin a luy achetées
pour donner a plusieurs chevalliers de l'ordre de thoison d'or
ayans accompaignez leurs Altezes................ IICXL$^l$.

— Au dict Victor Le Juste pour dix pieces de vin a luy achetées
et données les huit aux huict compaignies bourgeoises (1), et les

1. *Compaignies bourgeoises.* Ces compaignies de milice bourgeoise furent
ajoutées vers le milieu du XVI$^e$ siècle aux autres corps armés connus sous
le nom de *serments*, et, composèrent avec eux toute la force armée de la
commune. Elles avaient pour mission de se réunir en armes, au son des
deux cloches municipales, pour faire respecter l'autorite du Magistrat, quand
elle était menacée, et veiller au bon ordre dans la cité. La résistance obsti-

née des calvinistes décida le comte de Noircarmes à les supprimer en 1566,
au début des guerres de religion. Huit ans plus tard, en 1574, elles furent
réorganisées.

En 1574, disons-nous, les compagnies bourgeoises furent réorganisées. «Phi-
» lippe, comte de Lalain, fut fait grand Bailli de Hainau et Gouverneur de
» Valentiennes, en la place du Seigneur de Noircarmes, trespassé au mois de
» mars du même an (1574), et vint en ceste ville en ceste, auquel temps furent
» armez *quatre cens* bourgeois, et enrollez soubz *quatre* capitaines, André de
» Bouzanton, chevalier, seigneur de Quérénaing, Anthoine Lepoivre, chevalier,
» seigneur de Rosel, Jean Lepoivre et Adrien de Villers, lesquels passerent
» monstre devant le comte de Lalain. — *D'Oultreman, liv.* II. *chap.* XV.

D'après un ban politique publié le 17 décembre 1574, ces *quatre* compaignies
étaient créées pour la *garde, défence* et *tuition* de la ville. Les bourgeois
chefs et soldats qui les composaient recevaient une solde. Seuls ils avaient
le droit de porter des armes, tandis que les autres *bourgeois, manans* et *ha-
bitans* de la ville ne pouvaient porter *armes défensives*, sous peine d'être
punis sévèrement, à la *discrétion* de Messieurs de la Justice, après confisca-
tion des armes.

Ces compagnies bourgeoises peuvent être assimilées à la garde nationale
mobile, par opposition à la garde sédentaire que représenteraient assez bien
les *sermens*. Leur nombre était illimité et pouvait s'accroître suivant les be-
soins. Un ban politique du 23 juin 1578 nous apprend qu'à cette époque il
fut porté à *huit*.

*Ban politique du 23 juin 1578.* — « Des bourgeois non estans en compai-
» gnies se trouver à la cousture pour en faire revue.

« Comme pour donner ordre et pourvoir à la meilleure garde de ceste
» ville, est requis, savoir et connaître quels bourgeois et manans y a en
» ceste ville, des quels on s'en polrait ayder en cas d'effroict et aultrement
» pour la bonne garde de ceste ville, Messieurs de la Justice font comman-
» dement à tous bourgeois et manans de ceste ville et josnes gens à marier
» depuis le aige de dix-huit ans, jusque lez soixante, qui ne sont à présent
» *soubz quelque compaignie des bourgeois armez,* de comparoir au jour de
» demain, à une heure après midy, en la place de la cousture, armez de
» telles et meilleures armes qu'ils peuvent avoir, que pour passer monstre
» et choisir ceux qu'on trouvera les plus capables et propres, sur paine les
» y défaillans estre pugnis à la discrétion de Messieurs de la Justice. »

D'après un stalbrief ou *ordre à tenir par les soldats et bourgeois, en cas
d'effroy, daté du 15 juillet 1578,* nous pouvons constater que le nombre des
compagnies bourgeoises était illimité et déterminer les positions stratégi-
ques que *sept* d'entr'elles devront, le cas échéant, occuper dans la ville :

« On vous fait ascavoir, comme pour le repos, seureté et bonne garde de
» ceste ville, en aultres poincts principaulx est bien requis et nécessaire que
» le tout se traicte et gouverne par bonne police et ordre, et par le Magis-
» trat et ceux à ce commis, sans que le populaire de soy-même et sans ordre
« et en confusion se puisse en ce soy entremestre de son autorité et sans
» charge et commandement du Magistrat, pour à quoi satisfaire et donner
» provision convenable et principalement en cas d'effroy, Messieurs de la
» Justice ont advisé l'ordre et poincts suivants, à sçavoir :

» Le Magistrat avec leurs officiers, les anchiens prevosts, les anchiens mas-
» sars et modernes, avec ceux du Conseil particulier non estans des com-
» pagnies bourgeoises, se trouveront en la maison de la ville.

» Les maistres de l'artillerie avec leurs assistans en la place de l'artillerie.

» Au beffroy, et pour garder que la cloche d'effroy soit bien gardée et
» qu'elle ne soit sonnée témérairement, se trouveront *Claude de le Hore,
» Pierre de Haultcœur, Simon Fieftel, Pierre Morda, Pierre Delfosse* et
» *Jehan d'Ath,* lesquels seront assistés d'une dizaine de la compagnie fai-
» sant lors la garde sur le marchié, que le capitaine sera tenu envoyer pres-
» tement. »

» Les compagnies bourgeoises se trouveront sy côme :

» Seigneur de Quérénaing en l'Ormerie jusqu'au marchiet **gardera la porte**

» montoise jusqu'à la porte Cardon et les remparts du dict quartier.
» Le Seigneur Lepoivre s'assemblera au marchiet au filet, descendant en
» la rue des Anges, gardera la porte Notre-Dame jusque le Château-le-Comte
» et les remparts dudict quartier.
» Le Seigneur de Rosel s'assemblera depuis le logis de Lalaing, en la rue
» Cardon, jusques à la porte cambrésienne et les remparts du dict quartier.
» Seigneur de Villers s'assemblera en la rue Cambrésienne jusqu'au
» marché, gardera la dicte porte jusqu'à la porte Notre-Dame et les rem-
» parts.
» Pierre Lefranc s'assemblera en la place Saint-Jean, jusques au marchiet,
» gardera depuis le Château-le-Comte jusqu'à la porte tournisienne et les
» remparts.
» Alexis Pittepan s'assemblera en la rue tournisienne et ses circonstances,
» gardera la dicte porte jusqu'à la porte, montoise, et les remparts du dict
» quartier.
» Nicolas Razoir s'assemblera en la cousture, pour escouter, pour être
» réparti où on trouvera convenir, laquelle compagnie neantmoins se mettra
» en la place d'alarme de la compagnie qui fera la garde, sy elle est pro-
» chaine, à scavoir Messieurs Du Rosel et Petitpan.
» Jehan Lefranc s'assemblera en la place des Wantiers, gardera la rue d'El
» Sauch pour escorte, que pour estre réparty où on trouvera convenir,
» laquelle compagnie faisant la garde la plus prochaine, à savoir Jean Le-
» poivre et Pierre Lefranc.
» La compagnie étant actuellement en garde demeurera en sa garde.
» Quant aux estrangers et aultres réfugiés en ceste ville, demeureront
» chacun en leur logis et hôtellerie sans en bougier, si ce n'est par ordon-
» nance de Messieurs de la Justice.
» En cas de feu et d'effroy, à ceste cause, les susdites compagnies bour-
» geoises se mettront en armes, comme dessus et sans abandonner leur
» quartier, et pour remédier et esteindre le feu est advisé et ordonné que
» les porteurs au sacq se trouveront pour eux y employer, lesquels seront
» assistés de ceux qu'on appelle *Picquerons*, que les capitaines des compa-
» gnies pourront envoyer selon que besoin et nécessité le requerra, et des
» femmes et filles pour porter eauwe.
» Tous lesquels poincts et articles, mes dicts seigneurs de la Justice, a la
» demande de honorable homme messire Erasme de Maulde, Lieutenant de
» M. le Prév.-le-Comte, ont ordonné et ordonnent iceux estre gardés et
» observez bien estrictement selon leur contenu, faisant commandement à
» tous bourgeois et mannans et habitants d'icelle ville d'eux régler et con-
» duire suyvant iceux, sans à toute advertence eulx s'esmouvoir et voloir
» y pourveoir à leur plaisir et volonté et en confusion, mais qu'ils se reti-
» rent vers Messieurs de la Justice que pour par eux y estre pourveu,
» comme en bon ordre sera trouvé convenir, sur paine chacun contrevenant
» à ce estre pugnis comme infracteur de la paix et repos publicq ou aultre-
» ment être pugnis bien griefvement, à la discrétion de Messieurs de la
» Justice.
» Font aussi commandement à tous bourgeois et mannans réduictz soubz
» compagnie de faire bonne garde, tant aux portes que murailles, sans eux
» y enuyvrer, et observer les aultres poincts contenus en leur stalbrief et
» ordonnances pour ce faictes, à peine des paines et amendes y contenues.
» Au surplus pour obvier à toutes surprinses, font commandement à tous,
» de quelques qualitez qu'ils soient, ecclésiastiques ou séculiers, s'estant
» icy refugiez pour les troubles et altercations dernières, de venir prompte-
» ment eux remonstrer par devant Messieurs de la Justice et leur donner
» appaisement suffisant de leur dicte retraite et fidélité et que tous cloistres
» et bourgeois les ayans en leurs maisons ayent aussy à en faire advertence
» pertinente aux dicts Sieurs de la Justice.
» S'est dict par jugement publié le 19 juillet 1578. »

(Archives de la ville).

Sans parler des précieux renseignements que nous donne cet *ordre* du

aultres a la compaignie des josnes gens pour avoir esté au
devant de leurs Altezes a leur Ioyeuse entrée........ VIICXX¹.

— A Bureau Cuvelier pour trois blans thonneaux par luy faicts
au prix de XLˢ tournois chacun pour meectre trois pieces de vin
présentées a aulcuns Seigneurs....................... IX¹.

— Au capitaine Baptiste de la compaignie aux gages de ceste
ville en recognoissance des debvoirs par luy faicts a la Ioyeuse
entrée.........·..................... XXX¹.

— A Pierre de Ghorre, sergent de la dicte compaignie, pour
ottelz devoirs.......................... X¹.

— Aux quattre tambourins de la compaignie des josnes hommes pour récompence de leurs paines d'avoir conduict la dicte
compaignie au devant de la Ioyeuse entrée de leurs dictes Altezes ................................... XXVI¹.

— A Jehan Réal, sergeans de la dicte compaignie des *Jeusnes*
gens, pour ses paines lui at esté payé.................. XL¹.

— A Jaspart de Chire, sergens de bende de la dicte compaignie,
luy at esté donné pour s'accoustrer des couleurs de leurs Altezes
et meectre en ordre la dicte compaignie.................. XL¹.

— A David Dufour, tamboureur pour avoir presté deux tam-
bours aux josnes fils allans au devant de leurs Altezes..... Cˢ.

— A Laurent Despretz pour plusieurs vaccations par luy faictes
durant l'arrivée de leurs Altezes...................... LXˢ.

— A Anthoine Le Maire pour par luy avoir servy trois jours a
la maison eschevinalle a la Ioyeuse entrée.............. LXˢ

19 juillet 1578, nous nous bornerons a faire remarquer ces mots : « Le hui-
» tieme se trouvant actuellement de garde, demeurera en sa garde. » D'où
il faut conclure qu'en temps ordinaire les compagnies bourgeoises faisaient
le service tour à tour.
» Chaque compagnie se composait de *cent* hommes, un capitaine, un lieutenant, un porte-enseigne, des *sergeans de bende, caporaulx* et *dizeniers.*
Nul bourgeois ni manant ne pouvait en faire partie, pour *y porter les armes*
et faire *guet* et *garde,* « ne qu'ils soient *sans qu'ils soient* retenuz, advouez
» et couchez sur le rolle des capitaines de chacun quartier, a paine de con-
» fiscation de leurs armes pour la premiere fois, et pour la seconde fois de
« pugnition et correction arbitraire. » — *Ban politique du 6 juin 1579.*
Les compagnies bourgeoises ainsi que les serments ont existé à Valenciennes jusqu'à la Révolution.

— Aux hallebardiers de Monsieur Prévost-le-Comte pour plusieurs journées en vaccations extraordinaires et faict garde durant l'entrée de leurs Altezes en ceste ville et les avoir conduites a Vicongne . . . . . . . . . . . . . . . . . . . . . . . . . . . . . . . . . . . . . XI[l].

— Aux avalleurs (1) (encaveurs) pour avoir tiré plusieurs pièces de vin hors des caves des marchands et mises en aultres caves, payet pour leurs ouvraiges et sallaires . . . . . . . . VII[l] II[s].

— A Adrien Guyot pour avoir convoyé les gens de leurs Altezes a *Chievres* (2) et ce d'estat a cheval, ou il at employé deux jours . . . . . . . . . . . . . . . . . . . . . . . . . . . . . . . . . . . . . . . . . VIII[l].

— A Baulduin Lefebvre pour avoir esté conduire les gens de leurs Altezes a *Chievres*, a cheval, ou il a vacqué cinq jours. XVII[l].

— A Anthoine Charton de Mons pour aussy mener ung Morianne (3) des gens de son Alteze dessus son chariot en la ville de Mons . . . . . . . . . . . . . . . . . . . . . . . . . . . . . . . . . . . . . . . . XL[s].

— Suyvant le Conseil du XXVIe jour du mois de septembre 1600 at esté payet a Anthoine Ponteville ci comme pour plusieurs bastons d'enseigne, fers d'enseigne dorez, deux douzaines de

---

(1) *Avalleur* ou *avalleux* signifie encaveurs, ouvriers qui descendent le vin dans la cave, derive de *vallis*, d'où le verbe *avallare* en basse latinité, descendre, abaisser, mettre bas.

« Quoique le vin ne fût pas une production du pays, dit M. Hé-
» cart, cependant les *avaleurs de vin* venaient offrir vers la fin de septembre
» au Magistrat *les prémices des vins* nouveaux. »

Ils présentaient en janvier ce qu'ils appelaient le *blason*, brouette et vin. Dans les comptes de la ville, on trouve : « Aux avalleurs, pour avoir pre-
» senté le *blason*..... Tant. »

On dit aussi à Valenciennes et dans les environs *avaler* et *dévaler*, pour signifier descendre, abaisser : *Dévaler du vin*.

« Bonjour Jean du Gauguier *(du noyer)*.
» Vous ne dévalez mie souvent vos maronnes *(culottes)*.
« Bonjour Jean du Gauguier, etc..... »
*(Vieux refrain chanté au fond de wargnies)*.
« Ils m'avallèrent en une aprofondité, »
*(Disc. de la possess. d'une religieuse à Mons)*.

*Avaler* signifie aussi approfondir une fosse dans quelque nature de terrain que ce soit.

*Avaleresse*, terme de mines, fosse que l'on perce. Elle conserve ce nom jusqu'au moment ou on atteint le terrain houillier. Ce mot, ajoute M. Ad. Castiaux, est devenu français. On nomme *avaleux* les ouvriers qui creusent une fosse.

(2) *Chièvres*, petite ville située dans l'arrondissement d'Ath, à 17 kil. N.-O. de Mons. On allait en pelerinage à Notre-Dame de Chièvres.

(3) *Morianne*, morion, moriène, de Maurus, noir comme un Maure, négre, bouffon de la suite des Altesses.

*cayères* (1) tournées pour les chambres des dames de la maison de son Alteze, a l'entrée de ceste ville, et XII lanternes pour la meisme maison............................... LXXXX¹.

— A Charles Clauwet, suyvant la résolution du Conseil particulier tenu le V de juin 1602, at esté donné en récompense pour avoir vacquet au dressement du théattre de l'entrée en ceste ville de leurs Altezes et au surplus faict plusieurs services extraordinaires à la dicte ville, une tasse d'argent portant les armoyries de ceste ville, vaillable (2), que payet at esté par ordonnance registrée le XVIII jour du mois de juillet du dict temps.......... C¹.

— A Jean Daulnoit, messaiger a cheval, et a Nicolas Carrio, messaiger à pied, en récompense de plusieurs debvoirs par eulx fais au commandement de Messieurs, leur at esté donné a chacun XX¹ par ordonnance régistrée le XIV de febv. 1600........ XL¹.

— A Franchois Lenne, sergeans bastonnier, pour avoir par le commandement servy de Messieurs de la Iustice, l'espace de trois jours, estant leurs Altesses en Valenchiennes............ LX⁶.

— A Grard Hébin et Gilles d'Arthois pour avoir esté par les carrefours publics au son du tambourin a l'ordonnance de Messieurs de la Iustice que serait donné pris a ceulx qui feraient histoires (3) et aultres belles représentations pour de tant plus honorer l'entrée Ioyeuse des Archiducqz................................ XL⁴.

— A Jean Lestrelin, sergeans a verge, pour l'invertoire (4) des pièces de painctures ayans servies eux deux theattres et fontaines faicts a l'entrée des dictes Altezes....................... XL⁸.

— Suyvant résolution du Conseil tenu le XVII octobre 1600, at esté payet a Jean Bacq pour treize lotz de vin, dispences par les gens du comte d'Aremberghe a l'arrivée de leurs Altezes   XIX¹X⁸.

— A maistre France, painctre, pour avoir thiret a la plume plusieurs et diverses figures et enrichissemens (5) sur la modelle de

---

(1) *Cayères, calère, kaière, kéière, cahière, quahière* (wallon), signifie chaise, de cathedra, et devient le français *chaire*.

(2) *Vaillable*, valant. On dit encore *deux sous vaillant*.

(3) *Histoires*, spectacles, divertissements publics.

(4) *Invertoire*, transport, du verbe roman invertir, transporter, changer de place, *invertere*.

(5) *Enrichissemens*, dessins de fantaisie destinés à orner les premières pages d'un livre. Il correspond assez bien au mot *illustrations*.

certain avant-portail (1) a envoyé en Anvers pour estre taillé en
cuivre et servir a embellir la I<sup>re</sup> page et tiltre de la description de
ce qui s'est passé en ceste ville a l'entrée et réception de leurs
Altezes. . . . . . . . . . . . . . . . . . . . . . . . . . . . . . . . . . . . . . . . . . . . . . . . . LX<sup>s</sup>.

Et a Páris Prévost, aussy painctre, pour avoir trachet la sus-
dicte modelle suyvans ses proportions et devises. . . . . . . . . . LX<sup>s</sup>.

Ensemble ces parties. . . . . . . . . . . . . . . . . . . . . . . . . . . . . . . . . VI<sup>l</sup>.

— A Martin Mairesse, serviteur de Messieurs de la Iustice, pour
durant la venue de leurs Altezes ont séjourné en ceste ville, avoir
prins regard de nuict et donné ordre aux fallotz qu'il ne survint
quelque feu au autre inconvénient. . . . . . . . . . . . . . . . . . . . . . . LX<sup>s</sup>.

— Suyvant le Conseil particulier du XV mars 1600 at esté
ordonné a *francqvie* a l'advencement de sa robbe pour faire honneur aux Ioyeuses et très-illustres entrées de ses Altezes et aller
avec le Prévôt et eschevins pour les recevoir. . . . . . . . . . . . XII<sup>l</sup>.

— A luy encoire (encore) ayant prié les Princes et Seigneurs de
la Thoison d'or et aultres Seigneurs et gentilshommes de leurs
Altezes au disner en la maison de ville, le XVI de febr. 1600, et
servy de maistre d'hostel a table. . . . . . . . . . . . . . . . . . . . . . . . LX<sup>s</sup>.

— A Jean Laloue pour avoir thiré de ses mémoires ce qui fut
fait à l'entrée de feu Sa Majesté royalle, ayans délivré extrait pour
adviser comment on se règlerait pour l'arrivée de leurs dictes
Altezes . . . . . . . . . . . . . . . . . . . . . . . . . . . . . . . . . . . . . . . . . . . . . . . LX<sup>s</sup>.

—Sur requeste présentée à Messieurs de la Iustice par les Rois,
Connestables et compaignies des canonniers du serment de la confrérie de M<sup>r</sup> Saint-Anthoine, en recognoissance d'avoir thiré et
joué du canon (2) et artillerie a la bonne et Ioyeuse venue des
dicts Archiducqz, durant l'espace de quattre jours de soir et du

---

(1) *Avant-portail* signifie frontispice d'un livre. Ce passage nous donne
deux renseignements précieux. D'abord il révèle le nom de *France de Becquère*,
artiste valenciennois, jusqu'alors inconnu. Il nous apprend ensuite qu'à
cette époque Valenciennes ne possédait pas de graveurs sur cuivre.
Nous sommes heureux de pouvoir reproduire dans cette brochure le
dessin de France de Becquère.
(2) *Jouer du canon.* Dans un titre plus ancien, on trouve jouer de la bombarde. La ville accordait aux canonniers une certaine somme pour «s'estre
» esbattus et avoir joué de la bombarde. » — *Comp. de la ville.*

matin, leur at esté ordonné........................... XXX¹.

— A Hugues Moreau, suyvans la résolution du Conseil particulier tenu le XV de febv. 1600 luy at esté donné un chappeau vaillissant................................................ XL¹.

— A Pierre Laust, lequel a donné en paiement a ce compteur (a celui qui a fait ce compte) sur les 4ᵉ, 5ᵉ et 6ᵉ ascennes du patar au lot de vin pour le nombre 1,319 stiers (sétiers) de vin donné aux compaignies bourgeoises, pour la maltote du dict patar (1)............................. CI¹ IVˣ.

— Et par Guillaume Logier pour la maltote du dict nombre de vin donnet comme dessus, a raison de noef solz au lot de vin.................................... VCII¹ IVˣ.

— A Nicolas Vernois, eschevin, pour une journée d'avoir esté à Vicongne (2) prier M. l'Abbé pour avoir des réalz d'or pour aultre argent............................................. X¹.

— A Jacques Leboucq (3) pour les parties de chire (cire) par luy livrées pour la bienvenue et ioyeuse entrée de leurs Altezes, ci-comme 376 doubles thorses (torches) a 48 solz la pièce. IXCII¹VII*.

—Item 18 moiennes (torches) thorses a XXIV solz. XXXI¹ XII*.

1 Il s'agit ici sans doute d'un remboursement fait à Pierre Laust (cabaretier) de la partie d'impôt sur le vin revenant à la ville, qu'il avait avancée en livrant le vin des compagnies bourgeoises, lequel naturellement devait être franc de droit. Les *Assennes* étaient le revenu royal *assigné* ou pris sur l'impôt. La *maltote*, toujours affermée, se percevait à l'encavement: elle était ordinairement de trois patars, dont deux au Souverain et un a la ville. Plus tard Louis XIV céda le tout à la ville a titre d'indemnité. Il va de soi que, suivant les usages du temps, le Magistrat exemptait de droits, en tant qu'il pouvait, le vin bu par lui, par ses officiers, les compagnies bourgeoises, etc...: on remboursait donc au marchand la maltote revenant à la ville sur les 1319 setiers que l'on avait distribué aux compagnies bourgeoises en cette mémorable circonstance.

2 *Vicoigne* abbaye de . « Magnifique monastère de l'ordre des Prémontrés, fondé vers l'an 1125 par un ermite, anglais de nation, et dont le nom était Guido, dans une partie d'une antique forêt dite forêt de Vicoigne, qui s'étendait au N.-O. de Valenciennes jusqu'aux confins du pays de Pevèle, et, dans une partie de laquelle Saint-Amand établit, au VIIᵉ siècle, un monastère renommé. »

« Aujourd'hui il ne reste de ce somptueux édifice qu'une des tourelles gothiques de la porte d'entrée, isolée au bord d'un chemin, et quelques parties des murs de clôture. »

(*Voir Gloss. Top.*, par L. Cellier.)

(3 *Jacques Leboucq*. La famille des Leboucq, l'une des plus considérables de Valenciennes aux XVIᵉ, XVIIᵉ et XVIIIᵉ siècles, s'est distinguée non-seulement dans les armes, les lettres et la magistrature, mais encore dans le commerce.

—Item 12 haiches (flambeaux) blances pesant 56 liv., au prix de L solz la liv.................................................... CXL¹.

Et quattre chirons (flambeaux à la main) de chire blance d'une livre, la pièce X liv., revenant ensemble par compte calculé par Desmaizières et Anthoine Piens, eschevin............ MLXXIV¹.

— A Pierre Ghillet et Jean Delefeuille, maître de la cour Saint-Denis (1), pour tous les ouvrages de carpentaiges (2), maçonneries et aultrement qui se sont faicts et ensuyvi tant dedans la dicte ville, pour la Ioyeuse entrée de leurs dictes Altezes, depuis le VI décembre 1599 jusqu'au XI mars 1600, ayant le tout porté comme appert pour compte-rendu la somme de   XIVMVICLXXXV¹ VI⁸ I.

Sur quoy ils ont reçu et profité par la clocture de leur huictième compte des retenues la somme de.  IVMIVCLXXXV¹ VI⁸ I.
et le surplus at esté pour ces compteurs portant à la somme de.................................................... XMIIC¹.

Pour intéretz sur les réalz d'or donnés aux Altezes, partie empruntée d'aulcuns bourgeois de ceste ville, que peu paravant le remboursement estoient ravalez de pris, icy la somme de   XXX.

— Au sieur Boghe (3), secrétaire de la ville d'Anvers, ayans envoyé ung volume des entrées et inaugurations de leurs Altezes,

(1) *Les maîtres de la cour Saint-Denis* étaient les surveillants des travaux de la ville.

(2) *Carpentaiges*, ouvrages de charpentier. Hécart écrit *carpentache*.

(3) *Boch* (Jean), né à Bruxelles le 27 juin 1555, mort à Anvers le 13 juin 1609. Il étudia d'abord à Lyre en Brabant, puis à Ath en Hainaut, et se distingua bien vite par son talent pour la poésie, à ce point qu'on l'appelait le *Virgile de la Belgique*. Attaché à la maison du cardinal Radziwill, à Rome, il s'adonna aux études théologiques et suivit pendant quelques temps les leçons du célèbre Bellarmin. Plus tard il entreprit de longs et périlleux voyages en Italie, en Pologne, en Russie, en Livonie. De retour enfin dans sa patrie, il se livra tout entier au culte des Muses et fit paraître de nombreux ouvrages entre lesquels on remarque : « *Panégyrique du Prince de Parme* », qui le fit, en récompense, entrer dans les conseils de la ville d'Anvers: *la réception triomphale de l'Archiduc Ernest; l'oraison funèbre du même prince; la narration du voyage et de l'inauguration des Princes Albert et Isabelle; la traduction en vers des psaumes de David, un commentaire sur les mêmes psaumes*, etc.

Cf. Val. André. Bibl. Belg. — Foppens, Bibl. Belg. — Melchior Adam, vita philos. germ. — Le Mire, de scriptor. sæc. XVI.

au nombre desquelles se trouvera ce que M. D'Outreman (1) a composé en son honneur luy at esté donné par recognoissance. . . . . . . . . . . . . . . . . . . . . . . . . . . . . . . . . . . . . . . . . . . . . . . . . . . . . . . . . . . C¹.

Quant a semblable somme accordée par le dict Conseil au susdit sieur d'Outreman, iceluy en a remercié ceste ville.

At esté donné au greffier Cocquau, par le susdit Conseil, ayant tiré des mémoires de feu maistre Jean Cocquau qui fut conseiller pensionnaire de ceste ville, son père, touchant les antiquités de ceste ville (2), plusieurs extraits envoyez a Monseigneur le ducqz

---

(1) *Henri d'Outreman* a écrit en effet la relation de la joyeuse entrée des Archiducs à Valenciennes, les 19, 20, 21 et 22 février: *Triumphi et Spectacula Valentianæ Reipublicæ in adventu Alberti et Isabellæ*. Son opuscule fut imprimé avec diverses autres pièces écrites sur le même snjet, par des auteurs différents, dans le grand ouvrage édité par Jean Boch, sous le titre de : *Historica narratio profectionis et inaugurationis Serenissimorum Belgii principum Alberti et Isabellæ Austriæ Archiducum*. Anvers, Plantin, in-f°, 1602.

(2) Le Greffier *Coquiau* ou *Coqueau*.

« Jean Cocquiau, Conseiller pensionnaire de ceste ville, a ramassé en trois
» volumes et digéré par années tout ce qui concernait l'estat, privilèges et
» singularités de Valenciennes. En la préface de ses livres, il confesse avoir
» este grandement assisté en ce sien travail par feu François d'Outreman,
» Seigneur de Quievelon, qu'il qualifie homme très-docte et fort affectionné.....
» Il décéda au mois de may de l'an M. D. XLVIII (d'une cruelle épidémie qui
» décima le nord de la France et une partie des Pays-Bas, de 1596 à 1598),
» laissant plusieurs enfans, dont l'aîné fut *François Cocquiau*, Seigneur de
» Saint-Hilaire, pareillement conseiller pensionnaire de cette ville, personnage
» très-savant et éloquent. »

(*Henr. d'Out., Hist. de Val., p.* 376).

Les ouvrages de Jean Coquiau, restés manuscrits, forment quatre volumes. La Biblioth. publique de Valenciennes en possède deux, in-folio, sur papier, recouverts en parchemin. On lit en tête du premier volume sur premier feuillet formant titre : « Copies des privilèges, franchises, usances, plascards,
» résollutions des consaulx, tant grans que particuliers, lettres missives,
» sentences, bans et générallement des actes publics de la ville de Valen
» ciennes, jadis Contée et à présent Seigneurie distincte et particulière, etc...;
» icelles thirées en sommaire par maistre Jehan Coquiau, greffier de la dicte
» ville, etc..... »

Le deuxieme et le troisième volumes qui nous manquent se trouvent a la *Biblioth.* ou aux *Archiv.* de Mons. Le quatrième que nous possédons présente moins d'intérêt que le premier, en tête duquel se trouve une préface signée par Jehan Coquiau lui-même. Ce premier volume est un résumé de l'Hist. de Valenc., une sorte de compilation de divers auteurs tant imprimés que manuscrits.

Jehan Cocquiau laissa deux fils, François et Jean. L'aîné, François, hérita des goûts de son père pour l'Hist. des Antiquit. de la ville et lui succéda dans sa charge de conseiller pensionnaire, qu'il exerça avec distinction. Il mourut jeune en 1615. Jehan, son frère, fut échevin en 1619, 1633 et 1639.

Dans le compte de Jehan Vivier, il s'agit de François Cocquiau.

Le hasard a fait découvrir, il y a quelques années, par M. Ratel, intrépide

d'Arschot (1), selon qu'il avait requis, une vasselle (coupe) portant aussy les armoyries de la ville, vaillissant............. L¹.

Somme des mises.................. XLIIIMCLIII¹ II⁵ VII⁴.

*(Extr. des Arch. de Valenc.).*

et judicieux collectionneur. le diplôme en parchemin de *Licencié utriusque juris*, délivré par l'Université de Douai à Jehan Cocquiau en 1607.

Nous croyons intéressant de publier cette pièce *in-extenso* :

« Cùm æquissimum sit qui egregia præ cæteris navata cuipiam disciplinæ
» opera luculentum sui profectus specimen ediderunt et præstitutum studio-
» rum curriculum laudabiliter confecerunt, ad honores et titulos scholas-
» ticos, quos eorum virtus meretur ritè promoveri et suæ promotionis, atque
» adeptæ laureæ publicis tabulis consignatum testimonium consequi : Nos
» *Prior* et collegium professorum utriusque juris in regia Universitate gene-
» ralis studii oppidi Duaci. Atrebat. Diocæsis, testamur honestum et erudi-
» tum *Ioannem Cocquiau Vallencenensem* baccalaureum, fuisse legitime a
» nobis admissum ad gradum *licentiæ in vtroq. Iure*, eoque solemniter
» donatum per amplissimum virum I. V. Doct. dominum *Gcilielmvm Ri-
» chardotum*, dictæ Universitatis cancellarium, et reverendum insignis eccle-
» siæ collegiatæ D. Amati Duaci præpositum, die, penult. mensis Iulii, anno
» millesimo. sexcentesimo septimo, posteaquam se eo gradu dignum esse
» declarasset, tam publica de jure repetitione, quam eruditis in secreto
» examine responsionibus, et fidem catholicam coram nobis esset professus
» juxtà tenorem formæ quam felic.Record. Pius 1V. Papa, Idib. nouemb.
» anno 1564 statuit in hunc scilicet modum : « Ego Joannes Coquiau firmâ
fide credo, etc..... » Suit une longue profession de foi d'après le Concile de
Trente, à la fin de laquelle nous lisons les lignes suivantes :

« Hæreses quascumque ab ecclesia damnatas, et rejectas et anathemati-
» zatas. ego pariter damno, rejicio et anathematizo..... Ego idem Ioannes
» Cocqvav spondeo, voveo ac jure..... »

« In cujus fidem præsentes litteras has imprimi jussimus eisque facul-
» tatum utriusque juris sigillum appendimus. Datum Duaci, die ult. mensis
» Julii anno 1607. »

HOC ATTESTOR EGO CAROLUS BESCARDUS FACULTATUM F. V. BEDELLUS
AC NOTARIUS APOSTOLICUS.

(1) Il s'agit de Charles de Croy. fils aîné du troisième duc d'Arschot, Philippe de Croy. En 1593, il fut établi grand Bailli de Hainaut et fit son entrée solennelle en cette qualité et comme Gouverneur de la ville, le 13 mai. En 1597 nommé Gouverneur du Comté d'Artois, il est investi du commandement de l'armée opposée au Maréchal de Biron. L'année 1599, Philippe II le nomma chevalier de la Toison d'or.

Charles de Croy mourut le 13 janv. 1612. L'hôtel d'Arschot était situé à Valenciennes *en la consture*, sur la paroisse Saint-Nicolas. A la suite des troubles religieux, les Chartreux établis à Marly vers la fin du XIII⁵ siècle, cherchant un refuge dans la ville, en firent l'acquisition (1573).

FIN.

# TABLE DES MATIÈRES

www.ingramcontent.com/pod-product-compliance
Lightning Source LLC
LaVergne TN
LVHW022307170726
843503LV00006B/2375